휴전선엔 철조망이 없다

휴전선엔 철조망이 없다

휴전선, DMZ, 임진강, 민통선……
숨겨져야만 했던,
그러나 꼭 알아야 하는
그 이면의 이야기

평화와 공존의 공간 되찾기, 인류학자의 제언

강주원

2020년 코로나19 전후,
한반도 안과 밖을 기록하기

20년의 조금 익숙함과 2년의 너무 낯섦 사이에서

나는 인류학의 길을 걸으면서 두만강과 압록강에 발을 담그고 있다. 2000년부터 중국에서 두 강과 함께 보낸 세월과 횟수를 헤아려본다. 압록강을 사이에 두고 북한 신의주를 마주 보고 있는 도시, 중국 단둥(丹东)에서 약 15개월 동안 살면서 현장 연구를 한 경험이 있다.

두 강의 언저리를 돌아다닌 짧은 일정의 현장 연구는 44번이다. 2010년 이후부터는 두세 달에 한 번씩 중국에 간 셈이다. 그 결과물로 『나는 오늘도 국경을 만들고 허문다』(2013)와 『압록강은 다르게 흐른다』(2016)가 있다.

『압록강은 휴전선 너머 흐른다』(2019)의 머리말에는 "새로운 마을을 찾아 나서기보다 약 20년 동안 참여관찰한 마을(도시)의 변화를 더 들여다보고 또 찾아가는 쪽을 선택할 것이다. 내겐 그것이 연구자로

중·조 국경 답사 때 함께 갔던 아들이 압록강에 발을 담그고 강 건너의 북한을 바라봤다. 2020년부터 나는 파주 임진강 주변을 다니고 있으나 그 강에 발을 담그지 못하고 있다. 약 20년의 조금 익숙함과 약 2년의 너무 낯섦의 차이와 다름은 이 책의 문제의식으로 이어졌다(2014년).

서 행복이라고 생각한다."●라고 남겼다.

　세번째 책 초고를 출판사에 넘기자마자 압록강으로 갔다. 그러다 보니 단기 현장 연구의 횟수는 45번이 되었다. 열정이 남아 있다면 한 우물만 아니 두만강과 압록강을 꾸준히 다니겠다고 다짐했다. 남북 교류와 만남의 역사와 현재를 계속 기록할 줄 알았다.

● 강주원, 2019, 『압록강은 휴전선 너머 흐른다』, 눌민, 7-8쪽.

휴전선엔 철조망이 없다

하루 앞날을 모르는 짧은 생각이었다. 2020년 1월, 코로나19 소식을 접한 이후 중국의 연구 현장에 가는 것은 어려워졌고 그 상황은 이어졌다. 좀처럼 두 강에서 보내는 경험이 쌓이지 않았다. 그렇다고 마냥 손을 놓고 지낼 수는 없었다.

연구자로서 나의 선택은 국제전화와 인터넷을 활용하는 것이었다. 단둥 지인들과 소통하면서 일주일에 몇 번씩 소식을 전해 듣고 이를 교차 확인했다. 한국 언론이 단둥발 북한 상황을 전하기 전에 그들이 먼저 보내준 사진들이 컴퓨터에 하나둘 저장되곤 했다.

하지만 남북의 사람이 얽히고설키면서 살아가는 그 공간에 가지 못하는 안타까움이 앞서곤 했다. 코로나19가 끝나서 두 강 주변을 하루 내내 마음껏 돌아다니고 싶었다. 그동안 수집한 내용을 한 번 더 확인하는 날만을 기다리고 있었다.

몇 달이 그렇게 지나갔다. 2020년 여름이 오기 전, 약 20년의 조금 익숙함과 약 2년의 너무 낯섦 사이를 관통하는 새로운 연구 길을 나설 줄 그때는 몰랐다. 처음에는 무엇인가 앞뒤가 바뀐 것 같아 어색했다.

약 20년의 조금 익숙함이 묻어나는 공간은 비행기와 배를 타고 찾아갔던 두만강과 압록강 그리고 북한과 중국의 국경 지역이다. 약 2년의 너무 낯섦이 느껴지는 공간은 마음만 먹으면 언제든지 차로 갈 수 있었으나 간혹 스쳐 지나갔던 임진강과 한강 그리고 DMZ와 그 주변이다. DMZ의 안과 밖은 가고 싶다고 언제든지 갈 수 있는 지역은 아니기에 예외다. 정확히 말하면 여기에서 임진강과 한강은 하류

북한사람이 농사짓는 벌판이자 압록강의 북한 섬이다. 의주 통금정이 강 너머 산 정상 언저리에 있다. 중국 단둥과 북한 신의주 사람들만 압록강에 기대어 살지 않는다. 1992년 한·중 수교 전후부터 한국사람이 단둥에 살고 있다. 압록강을 공유하는 그들은 북한과 한국을 연결하는 삶을 살아가고 있다(2019년).

일대다.

과장해서 눈 감고 다닐 만큼 익숙해졌으나 여전히 궁금한 한반도 밖의 길과는 달랐다. 사전 준비 작업으로 문헌 자료를 찾아 읽고 한 달에 한두 번씩 하루 일정으로 찾아갔으나 한반도 안의 길은 매번 막막했다. 걱정과 고민이 앞섰다.

그 길과 주변에서 마주친 풍경과 삶은 전문가가 아니어도 한국 사회 구성원들이면, 1970년대 초반생인 나보다 분단의 세월을 최대 30년 가까이 더 살아왔고 피부로 느껴왔던 세대의 사람들이면 누구나 아는 이야기들 같았다. 이를 나만 모르고 있는 것이 아닌지를 계속 나에게

휴전선엔 철조망이 없다

파주 평화 곤돌라에서 바라본 임진강이다. 분단의 상징으로 자리 잡은 강이지만 논도 있고 통일대교도 보인다. 이 다리에는 민통선과 남방한계선을 넘나드는 일상의 삶이 녹아 있고 휴전선과 북방한계선을 넘나들었고 넘나들 역사와 미래도 담겨 있다. 나에게 임진강은 분단의 강이 아니었다(2022년).

물을 수밖에 없었다. 그렇기에 앞으로의 글에 등장하는 나는 말 그대로 나이다.

이 책은 한반도 안에서 느꼈던 나의 무지함과 낯섦이 어디서부터 시작되었고 어디에서 왔는지 파악하는 여정을 담았다. 두번째 책에서 "압록강의 물결은 흐르고 흐르다 황해를 만나고 대동강과 한강에서 흘러나온 물과 섞인다."*라고 기록했었다.

이번에는 그 강들에서 강 하나가 빠져 있음에 주목했다. 바로 임진

---

* 강주원, 2016, 『압록강은 다르게 흐른다』, 눌민, 11쪽.

강이다. 나는 그 강의 목소리와 삶을 모르고 한국 사회에서 살아오고 있었다. 임진강은 분단의 강이 아니다. 남북 단절만을 상징하지 않는다. 그 강이 흐르는 현장의 현실이 그렇다.

나에게 다가온 철조망들

중학생인 아들이 "아빠는 사진 촬영 금함이라는 글자가 있는데 찍는다."라고 한 번씩 말리지만 언젠가부터 강원도 속초와 강릉 해변을 갈 때마다 휴대전화 카메라로 바라보는 풍경이 있다. 대형 커피 전문점의 노천 의자 옆으로 끊어진 채 서 있는 철조망, 철거된 철조망 주변으로 조성된 해변 둘레길 등을 몇 년째 남기고 있다.

한국 사회가 어떻게 살아왔는지 혹은 살아가고 있는지를 보여주는 눈앞의 철조망에 자꾸만 마음이 쓰였다. 본격적인 인류학 현지 조사는 아니지만 이를 기록으로 남기는 일은 의미가 있겠다고 거창한 생각도 했다. 한번은 인류학 직업병 가운데 하나로 철조망에 대한 첫 기억과 그 이후의 경험을 되새김해봤다.

1980년대 초중고 학창 시절을 경기도 지역의 휴전선과는 거리가 있는 경상남도 진주에서 보냈다. 2020년의 도로 사정을 고려해도 어림잡아 약 400킬로미터다. 그런 나는 한국 사회에서 철조망을 언제 처음 목격했을까?

서울 너머의 DMZ가 아니었다. 1990년 고등학교 수학여행의 추억은 아련히 기억에 남아 있는데, 경상북도 경주에서 강원도 설악산으로 가는 7번 국도에서 마주친 철조망은 이상하리만큼 뚜렷하게 뇌리의 한 부분을 차지하고 있다. 한반도 밖으로 나가본 적이 없는 10대 중후반 때의 일이었다.

그 철조망은 차창 너머 해변이 보일 때마다 나타나서 끊임없이 이어져 있는 것으로 보였다. 그때 "저기에 왜 있을까?", "철조망을 넘어서 해변에 가지 못하겠구나, 그래 간첩 때문이겠지!" 등과 같은 자문자답을 했던 것 같다.

진주에서 공군 단기사병, 그러니까 마지막 방위 생활을 하던 시절까지 나의 삶에서 철조망은 가까이에 있지 않았다. 기억 한편에 명절 때마다 TV 화면의 단골 장면이었던 전방 철조망이 있었을 뿐이다. 그 앞에서 보초를 서고 있는 군인 모습은 한국 사회에서 익숙하게 보는 자연스럽고 당연한 풍경이었다. 그 시절을 생각하면 의문의 여지없이 그 철조망을 휴전선으로 잘못 알고 있었던 것 같다.

20대 후반까지 한국에서만 살다가 현장 연구 기회가 주어져서 처음으로 해외 경험을 했다. 2000년 여름, 중·조 국경 지역인 두만강변에 도착하기 전까지만 해도 그곳에 철조망이 있을 것으로 짐작했다. 그런데 어떤 장애물도 보이지 않았다.

말 그대로 충격이었다. 국경 지역이 아닌 강원도 해변의 철조망조차도 당연한 것으로 받아들였던 나였다. 중국에서 바라본 두만강은 국경 지역인데 철조망이 없었다.

며칠을 두만강 주변을 돌아다녔다. 철조망은 어디에도 없었다. 그

2019년에도 중·조 국경 지역인 압록강에는 철조망 없는 지역이 더 많다. 철조망이 있어도 이를 넘나들면서 북한과 중국사람은 농사짓는다. 처음에는 낯설었으나 나중에 이런 풍경이 당연함을 알아갔다(2015년, 『압록강은 다르게 흐른다』에서 재수록).

중국 단둥 시내에는 철조망이 없고 유람선은 북한 신의주 강변 근처까지 접근한다. 그때 한국 뮤직비디오가 나오기도 한다(2013년, 『압록강은 다르게 흐른다』에서 재수록).

압록강에서는 커피 한 잔의 여유를 즐기면서 북한 신의주를 바라볼 수 있다. 이를 방해하는 철조망은 어디에도 없다(2019년).

과정에서 "양쪽(중국과 북한) 마을 청년들이 서로 만나 술 한잔을 하면서 친구로 지내죠. (두만강을 넘나들면서) 누구네 집에 있는 밥숟가락 숫자도 알 정도로 그렇게 살죠."*라는 그 지역 조선족 소학교 교장의 말을 듣게 됐다.

이를 눈으로 확인했다. 나 역시 강변을 자유롭게 걸었고 강물에 발을 담갔다. 어쩌다 보니 두만강과 압록강을 찾아가고 그 지역의 삶을 배워가고 있었다. 국경과 관련된 철조망의 유무가 연구대상으로 자리 잡아갔다.

1945년 광복 이후, 약 60년 동안 철조망이 없던 두 강 주변에 2006년 전후로 철조망이 띄엄띄엄 설치되기 시작했음을 알게 되었다. 「압록강 철조망은 탈북자 방지용이 아니다」**라는 제목을 달고 한국 사회에 "압록강 철조망을 바라보는 획일적인 시각"이 있음을 다루었다. 설령 철조망이 없다가 생긴 지역에도 북한과 중국의 양쪽 강변 사람들은 여전히 강을 공유하는 풍경들로 삶을 채우고 있었다.

연구가 쌓일수록 나라 사이를 구분하거나 단절하는 철조망이 예전부터 없을 수 있다는 사실을, 철조망 너머와 그 국경 주변에 일상의 경험이 이루어지고 있음을, 철조망과 상관없이 양 강가의 사람들이 공유하는 삶들이 이어져 왔음을 하나씩 알아갔다.

이런 풍경은 의문을 품지 않은 채 당연하다고 생각했던 나의 고정

• 강주원, 2013, 『나는 오늘도 국경을 만들고 허문다』, 글항아리, 9쪽.
•• 강주원, 2016, 『압록강은 다르게 흐른다』, 눌민, 73-84쪽.

관념을 흔들어놓았다. 휴전선 중심의 남북 교류와 만남과 관련된 선입견과 편견을 허물게 하는 방향타 역할을 하였다. 남북 교류와 만남의 또 다른 길이 있음을 안내해주었다.

몸으로 부딪치며 접했던 두만강과 압록강의 모습과 장면 속에는 1992년 한·중 수교 전후부터 존재하는 남북 교류와 만남도 함께 녹아들고 있었다. 중·조 국경 지역을 다니면서 이를 기록했다. 그렇게 연구하다 보니 약 20년의 세월이 흘러갔다.

40대 중후반인 나는 한국에 존재하는 철조망의 역사에 대해서 알려고 하지 않고 살았음을 깨달았다. 한국 사회 안에서 살아왔기에 잘 알고 있다고 착각하면서 2020년 봄부터 임진강과 한강과 DMZ 주변의 연구 현장을 돌아다녔다. 그 지역들에는 어김없이 철조망이 있었다.

그와 관련해 모르는 내용이 많다는 사실을 알아채는 데 시간이 오래 걸리지 않았다. 두만강과 압록강의 철조망과는 배경과 성격이 다르다는 선입견으로 덤벼들었으나 이전의 연구에서처럼 비슷한 방식으로 깨졌다. 한국 사회 여기저기에 존재하는 철조망들이 낯설게 다가왔다.

남북을 품고 흐르는 임진강 하류의 폭과 깊이, 남북 분단의 익숙한 현실이 펼쳐지는 한강 그리고 DMZ 안과 밖의 일상의 풍경과 삶, 그러니까 철조망의 안과 밖에서 내가 무지했고 놓쳐왔던 사실이 조금씩 보이기 시작했다.

남방한계선과 민통선이 지나가지 않는 한강 하류에도 분단의 상징인 철조망이 보인다. 한국 사회의 철조망들이 처음에는 익숙한 풍경이었으나 궁금증이 생기기 시작하면서 낯설어졌다(2022년).

1970년대 초반에 만들어진 임진각의 민통선 철조망을 바라볼 때마다 나는 2020년 전후의 동해안 철조망을 떠올리곤 한다. 출생연도가 비슷하지만 하나는 그대로다. 다른 하나는 철거되거나 부분만 남아 있다(2021년, 2022년).

두 질문의 답: 있음 혹은 없음

나는 "거대한 이론에 기댄 해석에 앞서 현실의 삶이 녹아 있는 사례, 그 자체가 지닌 힘을 먼저 믿는다."* 백 마디 말보다 현실에서 실천돼 왔고 실천하고 있는 남북 교류와 만남의 모습과 이야기를 소중하게 여긴다. 사람들이 이를 기억하는 것도 의미 있다고 생각한다.

강연할 때 평화와 공존에 대한 의견을 내세우기보다는 중국 단둥에 서 남북의 사람이 어떻게 살아왔는지를 사진과 함께 설명한다. 그들의 삶이 어떤 방식으로 남북을 연결해왔는지를 언급했다. 그 세월의 깊이가 30년이 넘는다는 말을 잊지 않는다.

그전에 청중에게 질문을 던진다. "한반도를 제외한 지역에 한국사 람보다 북한사람이 많이 사는 도시가 있을까요?" 그들은 나를 이상하게 쳐다보곤 한다. 생각할 시간의 틈을 들였다가 또 물어본다. "본인이 알고 있는 내용을 바탕으로 있음 혹은 없음 가운데 선택해볼까요?"

간혹 "있음"이라고 대답하는 이들도 있다. 대부분 당연하다는 표정을 지으면서 없다고 말한다. 그러면 나는 바로 대표적으로 중국 단둥이 그런 도시라고 말하고 본격적으로 구체적인 사례 보따리를 풀어나간다. 사진을 넘길수록 사람들의 눈빛이 변할 때 행복하다.

그래도 연구자로서 힘이 빠질 때가 있다. 집으로 돌아올 때면 10년 넘게 똑같은 질문을 하고 있으나 대답으로 "없음"이 대다수인 반응을

---

* 강주원, 2019, 『압록강은 휴전선 너머 흐른다』, 눌민, 15쪽.

중국 단둥 길거리에서 북한사람과 조선족이 장기를 두고 있다. 사진을 찍은 뒤, 나 역시 구경꾼으로 동참했다. 이런 일상의 삶이 1992년 한·중 수교 전후부터 펼쳐지고 있는 단둥은 한국사람보다 북한사람이 많은 중국 도시다(2016년, 『압록강은 다르게 흐른다』에서 재수록).

되새겨본다. 남북 관계에 관심이 있고 공부하기 위해 모인 청중들이었으나 왜 이번에도 없음의 대답이 많을까? 그 배경은 무엇일까? 한국 사회에 한국사람보다 북한사람이 많이 사는 해외 도시가 있다는 사실을 아는 사람은 얼마나 될까?

이를 안다면 남북 교류와 만남의 역사와 현재가 다르게 보일 텐데, 어떻게 한국 사회에 알릴까 고민하지만 일개 연구자로서 한계만 느낄 뿐이다.

2021년부터는 초반부에 던지는 질문이 하나 더 생겼다. 가족 모임에서만 물어봤는데 모두가 있다고 한 내용이다. 지인들에게 묻고 다녔다. 나중엔 강연할 때도 덧붙이고 있다. 이번 네번째 책을 준비하는 과정에서 문제의식을 확인하는 기회로 삼는 욕심이 생겼다. 군더더기 없는 문장을 만들었다. "여러분, 휴전선엔 철조망이 있을까요? 없을까요?"

말이 끝나자마자 그들은 뻔한 답을 왜 묻냐는 표정으로 나를 쳐다본다. 망설임 없이 있다고 대답하곤 한다. 철조망과 휴전선, 이 둘 사이에 대한 의문을 키우고 이 질문을 하는 것이 맞는지 고민했었다. 사람들이 대부분 없다고 이야기할 줄 알았다. 그런데 물어보면 물어볼수록 이번에는 있다고 대답하는 횟수가 쌓인다. 오답이라는 말에 당황하는 사람들이 늘어난다.

한번은 쉬는 시간에 여고생이 한숨을 쉬면서 말했다. "처음에 선생님이 은유적 표현을 한다고 생각했어요. 저는 휴전선에 철조망이 있다고 알고 있었는데 없다고 이야기를 하시니 너무 혼란스러워요. 제가 그동안 무엇을 배운 것이죠?" 그 학생의 눈빛과 목소리가 이 책을 채워나가는 과정 내내 뇌리에 남았다. 나에게 다양한 연구 소재가 되어 돌아왔다.

임진강 하류에 중립 수역이 있다는 것을 얼마나 알고 있나? 북한 땅이 가깝다고 찾아가는 임진각에서 북한까지의 거리는 얼마일까? 휴전선의 시종점(始終點)은 육지인지 바다인지 강인지 물어보면 사람들은 뭐라고 말할까?

DMZ를 얼마나 자주 어디까지 가봤나? 사람들은 남방한계선과 민통선 철조망을 구분하는가? 이런 궁금증을 해결하기 위해 알아보고 찾아본 자료들이 쌓였다. 그때부터 이 책이 쓰여지고 있었다.

코로나19 상황에서 중국에 갈 수 없었다. 그래도 해오던 연구를 놓

휴전선엔 철조망이 없다

도라전망대에서 바라본 DMZ 안과 밖에는 태극기와 개성공단이 보인다. 휴전선 철조망은 존재하지 않기 때문에 보이지 않는다. 휴전선 철조망이 있다고 생각하는 사람이 많을까? 적을까?(2020년)

지 않았다. 예를 들어서 단둥에서 북한사람과 한국사람이 함께 혹은 따로 어떻게 살아가는지를 확인해왔다. 남북의 결합으로 만들어진 제품들이 한국에서 소비되고 있는지를 알아봤다.

이처럼 2019년 세번째 책 이후, 약 3년을 걸어온 남북 교류와 만남을 기록하는 일은 단둥 지인들이 들려주고 전해준 소식과 사진 덕분에 가능했다. 그들이 있기에 2022년 현재에도 단둥의 변화하는 상황을 강연과 짧은 글에서 말하고 설명한다.

이를 다듬어서 이 책에 담았다. 미리 말하면 마스크, 달력, 이메일, 이산가족 서신, 북한 해외노동자 제품, 신의주 풍경 등이다. 코로나19는 끝나지 않았으나 남북 교류와 만남은 단둥에서 끊임없이 대면과 비대면 방식으로 이어지고 있었다.

네번째 책을 쓰고 지우고 고치면서 품었던 소망이다. 중국 단둥엔 한국사람보다 북한사람이 많다는 사실을 통해서 남북 교류와 만남을 들여다본다. 휴전선엔 철조망이 없다는 상식에서부터 남북 평화와 공존을 이야기한다. 이런 모습이 일상에서 묻어나는 한국 사회를 연구자로서 꿈꾼다.

대학원 시절부터 가슴에 새긴 배움이 있다. 인류학자 김광억은 "현실이 어떻게 구성되는가를 냉철하게 분석하고 또한 사실과 상상이 어떻게 결합하여 현실이 인식되는지"를 끊임없이 들여다봐야 한다고 가르쳤다. 인류학자 정병호는 "내가 살아온, 익혀온 틀 밖의 문화를 접하고 그 대안을 공부하는 학문"임을 늘 기억하라고 강조했다. 이는 스승의 가르침을 따라 인류학의 길을 내가 걷는 자세와 이유다.

2022년 여름
한반도 안(임진강, 한강, DMZ의 안과 밖)과
밖(두만강, 압록강, 중·조 국경 지역)을
때로는 함께 때로는 따로 아무 때나 걸을 수 있는 그날을 꿈꾸는
강주원

| 차 례 |

일러두기

* 이 책은 《프레시안》에 "강주원의 남북 교류와 만남 읽기"와 《평화의 길》에 "편견과 분단을 넘어"라는 제목으로 연재한 글 그리고 공저로 참여한 『파주 DMZ 및 옛 장단지역 일원 역사·민속·문화 기록화 사업 보고서』(민속원, 2021) 원고의 일부를 수정·보완하여 엮었다.
* 이 책은 저자의 박사 논문(2012)과 『나는 오늘도 국경을 만들고 허문다』(글항아리, 2013), 『압록강은 다르게 흐른다』(눌민, 2016), 『압록강은 휴전선 너머 흐른다』(눌민, 2019)의 연장선상에 있다. 이 책에서 위 책 내용에 담긴 사례 혹은 문장을 그대로 언급할 때를 제외하고는 따로 참고문헌을 표시하지 않았다. 위의 책들을 언급할 때는 편의상, 순서대로 첫번째·두번째·세번째 책으로 표현했다.
* 이 책에 나오는 네 집단은 북한사람, 북한화교, 조선족, 한국사람을 말한다. 중국 단둥에 살고 있는 중국사람과 네 집단 모두를 포함할 때는 단둥사람이란 말을 사용했다. 그들과 삼국(북한·중국·한국)을 일컬을 때에는 약칭과 가나다순으로 나열하는 것을 원칙으로 삼았다. 단, 중·조 국경은 예외인데, 중국 쪽의 국경 지역에서 연구했다는 점을 부각하기 위한 것이다.
* 민통선, 민북과 민남 지역, 남방한계선, 휴전선, DMZ(비무장지대) 등과 관련된 명칭에 대한 설명은 본문 95쪽과 107쪽에서 구체적으로 언급하였다. 임진강과 휴전선 전체가 아니고 부분을 가리킬 때는 자유로 임진강 또는 파주 휴전선 등과 같이 표현했다.
* 남과 북을 중립적으로 지칭하기 위해 2000년 한국의 언론사 기자 협회, PD협회 등이 공식적으로 사용하기로 한 용어는 남측과 북측이다. 하지만 이 책에서는 주로 한국과 북한, 남북, 한반도를 사용했다. 이는 한국에서 출판된다는 점, 그리고 사용하는 공식 언어와 현실 언어 사이에 괴리가 있다는 점을 고려한 것이다. 네 집단의 명칭에 혼란을 줄이고자 하는 위한 의도도 있다. "한국 사회"는 때때로 좁은 의미에서 남북 교류와 만남에 관련하거나 관심 있는 사람을 지칭하는 의미로 사용했다.
* 책에 수록한 사진은 2000년부터 2022년까지 저자가 직접 촬영한 것이다. 시기별 변화를 보여주기 위해서 이전 책들에 수록한 사진을 일부 재인용하였다. 2020년부터 2022년 현재 사이에 연구자와 단둥 지인으로부터 받은 사진은 따로 표시하였다.
* 책명은 겹낫표(『 』)로, 장·절·논문은 홑낫표(「 」)로, 신문·영화·잡지·방송·홈페이지 등은 쌍꺾쇠(《 》)로, 그 하위 항목은 홑꺾쇠(〈 〉)로 묶어 표기했다. 인용과 강조 등은 큰따옴표(" ")를 사용하여 표기했다.
* 외국어 및 외래어 표기는 대부분 국립국어원에서 정한 외래어표기법을 따랐다.

1부

한국 사회에 투영된 분단 그림:
평화는 상상화보다는 사실화일 때 와닿는다

드라마 《사랑의 불시착》:
현실에 바탕을 둔 상상력

남북 교류와 만남의 불시착 공간은?

코로나19가 유행하기 몇 달 전, 2019년 늦가을이다. 나는 중국 단둥에 머물고 있었다. 아침에는 거리에서 북한사람이 삼삼오오 다니는 장면을, 낮에는 북한 여성들이 대형 도매시장을 돌아다니며 생활용품 사는 과정 등을 지켜봤다. 밤에는 북한 부부로 보이는 사람들과 우연히 호텔 엘리베이터를 함께 탔다.

그들 중 한 사람이 유명한 해외 무선 청소기 사진이 선명한 상자를 들고 있었다. 아내가 사고 싶어 하던 제품이었다. 같은 층에 내린 그들은 내 방 앞과 옆으로 향했다. 2000년부터 약 20년 동안 중국에 갈 때면 같은 지붕 밑에서 벽 하나를 사이에 두고 북한사람과 숙박하는 경험을 해왔다. 그때마다 기분은 묘하다.

이번에도 마찬가지였다. 방문을 열고 나갈 때 어쩔 수 없이 한 번씩

드라마 《사랑의 불시착》에는 유럽의 초콜릿 가게에서 남북의 여성이 우연히 대화를 나누는 장면이 나온다. 중국 단둥 시장에서 북한 여성이 인형을 구입하고 있고 그 옆을 한국 여성이 무심코 지나가고 있다 (2019년).

단둥 호텔에 근무하는 북한 여성이다. 2000년대 한국 홈쇼핑에서 판매하던 동남아 여행 상품에는 북한 식당 방문 일정도 포함되곤 했다. 이를 강조하기도 했던 것으로 나는 기억한다. 지난 약 30년 동안, 남북의 스쳐 지나간 만남의 사례는 한반도 밖에서 얼마나 쌓였을까?(2019년)

그들과 마주쳤다. 며칠 동안 같은 공간에 있다 보니 나중에는 눈인사를 자연스럽게 하곤 했다. 오전 7시를 기다려서 신의주 전경이 눈앞에 펼쳐지는 건물 맨 위층으로 올라갔다. 그들의 대화가 들리는 옆자리에서 아침을 먹었다. 호텔에는 그들만 있는 것이 아니었다.

북한 여종업원은 중국에서 북한 식당에만 근무하지 않는다. 그 호텔에도 일하고 있었다. 한복이 아닌 유니폼 입은 모습을 얼핏 보면 중국 여성과 구분되지 않는다. 평소 아침보다 커피를 여러 번 더 마셨다. 그녀들은 나에게 커피를 가져다주면서 간단한 중국어로 인사했다. 일부러 한국말로 매번 고맙다고 말했다. 그러면 나를 다시 쳐다보고 그저 웃고 제자리로 돌아가곤 했다.

그녀들이 손님 접대하는 모습을 바라보면서 한반도 밖에서 스쳐 지나가는 남북의 인연과 만남에 대해서 생각해봤다. 서울에서 종종 술 한잔을 하던 친구는 자신이 단골로 다니던 북한 식당 종업원이 2013년 즈음에 평양으로 귀국했다고 말했다. 1년 뒤 그녀가 결혼도 하고 아이도 낳았다는 소식을 한 다리 건너 전해 들었다는 그 친구의 경험담이 떠올랐다.

2019년 12월, 「멈춤 없는 남북 만남, 돌아보고 내다보는 문화인류학적 조감도」라는 부제목을 단 세번째 책 『압록강은 휴전선 너머 흐른다』를 출판했다. 2020년 초, 잠시 여유를 즐기고 있었다. 그때 여기저기에서 드라마 《사랑의 불시착》이 재미있다는 소리가 들렸다.

처음부터 찾아보지 않다가 방송 초반 "북한 미화" 지적이 나온다는 평과 함께 "국가보안법 위반"으로 고발당했다는 기사를 접하고 TV

앞에 앉았다. 막상 드라마를 볼수록 제작진이 북한 생활상에 대해 깊이 있는 고증을 했다는 점에 놀라곤 했다.

다만 북한의 1990년대가 드라마 배경으로 다루어질 때는 아쉬웠다. 한국에 온 북한 병사들의 좌충우돌 행동과 말이며, 그들이 한국 문화에 적응하는 모습들이 어색해 보였다. 한국 사회에서 북한 관련 드라마를 만드는 현실이 얼마나 힘든지를 제작진이 고민한 흔적으로 이해했다.

시청자들은 이정효 PD의 말처럼 북한을 드라마의 소재로 삼았다는 점을 인정하면서도 이를 현실의 상황과 굳이 연결시키려 하지 않았다. […] 일각에서는 북한이라는 소재를 사용했다는 것만으로도 불편한 시각으로 바라보고 있는 게 사실. 기독 자유당의 이번 고발 역시 마찬가지다. 다만 허구로 진행되는 이야기임을 드라마가 밝힌 만큼 '사랑의 불시착'이 국가보안법을 위반했다고 볼 수 있을지는 회의적인 시각이 다수다.[•]

앞서 언급한 기사를 더 읽어보면 이 드라마를 두고 제작자는 "북한 설정을 일종의 판타지(상상)"로 이해해달라고 당부한다. 시청자의 댓글에는 "드라마는 허구" 등의 반응이 있다. 다들 맞는 말이다. 하지만 나는 한편으로 국가보안법을 염두에 둔 작가와 제작자의 우문현답으로

•《헤럴드경제》2020년 1월 22일자, "북한군 미화 vs 판타지"

와닿았다.

여러 장면 가운데에서도 유럽 여행지에서 남자 주인공이 지나가는 여자 주인공에게 사진 촬영을 부탁한다. 그때 서로 한국말을 알아듣지 못할 것이라고 착각한다. 나중에는 연인이 되어 한반도 밖에서 재회하는 방식 등이 기억에 남는 일화다. 이런 설정이 정말 작가의 상상력에 불과할까? 그런 만남의 개연성을 어떻게 알게 됐을까? 이런 궁금증들은 드라마를 보는 내내 떠올랐다.

"(이 드라마를) 현실의 상황과 굳이 연결을 시키려 하지 않았다."라는 시청자들의 반응은 못내 아쉬웠다. 최소한 나는 남북이라는 소재를 다루면서 이만큼 사실에 기반한 드라마를 참 오래간만에 접했다. 대표적으로 제3국에서 공부하는 북한 학생, 남북의 만남, 북한에서 체류하는 재외동포의 모습 등이 사실적으로 그려졌다.

사람들이 "드라마는 드라마일 뿐, 현실과 다르다"며 그냥 넘어가지 않았으면 좋겠다는 여운이 오래 남았다. 나중엔 드라마 홈페이지를 찾아보기까지 했다. 제작진은 기획 의도의 첫 부분에서 "대한민국 여권"을 단초로 삼고 있었다.

대한민국 여권은 유능하다. 우리 여권만 있으면 무비자로 갈 수 있는 나라가 무려 187개국에 이른다. 하지만 어디나 통하는 이 여권으로도 절대 갈 수 없는 나라가 가장 가까이에 있다. 언어와 외모도 같고 뿌리도 같지만 만날 수 없고 만나선 안 되는 사람들이 사는, 이상하고 무섭고 궁금하고 신기한 나라. 때문에 우리는 더욱 궁금하다.*

제작진의 글을 보는 순간 드라마 팬을 떠나서 직업병이 도졌다. "이상하고 무섭고 궁금하고 신기한 나라"라는 표현은 북한에 대한 제작진의 주관적인 생각이다. 사실에 근거하지 않은 것들이 눈에 보였다. 한국사람의 북한 방문 그리고 한반도 안과 밖에서 북한사람과 한국사람의 만남과 관련된 내용이 그렇다.

드라마를 홍보하기 전에 먼저 통일부 홈페이지만 찾아봤다면 북한이 "여권으로도 절대 갈 수 없는 나라"가 아님을 알 수 있다. "북한 및 남한 방문"에 대한 절차를 분명히 안내하고 있다. 물론 무비자는 아니다. 복잡하다.

> 북한 지역을 방문하는 남한 주민은 북한 방문 증명서를, 남한 지역을 방문하는 북한 주민은 남한 방문 증명서를 발급받아 소지하여야 합니다. 판문점을 통해서 남북한을 직접 왕래하는 것은 물론, 제3국을 경유하여 남북한을 왕래하는 경우도 포함됩니다. 북한을 방문하기 위해서는 북한에서 발급한 초청장이 필요합니다.**

1980년대 후반, 정부 차원이 아닌 "남한 주민"의 북한 방문이 시작됐다. 그 역사만 해도 30년 안팎이다. 금강산 등을 갔던 관광 인원을 제외한 통계가 있다. 2020년까지 북한 여기저기를 방문한 인원의 규모

• 〈tvN 사랑의 불시착 홈페이지〉, http://program.tving.com/tvn/cloy/7/Contents/Html
•• 〈통일부 홈페이지〉, https://www.unikorea.go.kr/unikorea/business/cooperation/status

가 147만 695명이다.* 참고로 금강산 관광은 190만 명이 넘는다. 그럼 통일부 홈페이지에서는 "북한 주민 접촉"에 대해 어떻게 정의하고 있을까?

북한 주민을 직접 대면하여 의사를 교환하는 것은 물론, 중개인(제3자)을 통하거나 전화, 우편, FAX, 전자우편 등의 통신수단을 이용한 의사 교환도 포함됩니다. 북한 주민 접촉을 하기 위해서는 남북 교류 협력시스템 누리집(https://www.tongtong.go.kr/)에서 사전 또는 사후 신고를 해야 합니다.**

이와 같은 설명을 봐도 북한이 "만날 수 없고 만나선 안 되는 사람들이 사는" 그리고 "여권으로도 절대 갈 수 없는 나라"는 아니다. 더불어 통일부에서는 1988년부터 여러 "법령이 제정됨으로써 우리(한국) 법의 테두리 안에서 남북 교류 협력이 안정적으로 이루어질 수 있도록 하는 제도적 기반을 마련하였다."***고 밝히고 있다. 1990년대 전후부터 제한적으로 만날 수 있고, 만나도 되는 사람들이 사는 나라이자 몇몇 서류가 갖춰지면 여권으로 갈 수 있는 나라가 바로 북한이다.

* 〈통일부 홈페이지〉, https://www.unikorea.go.kr/unikorea/business/statistics/
** 〈통일부 홈페이지〉, https://www.unikorea.go.kr/unikorea/business/cooperation/status
*** 〈통일부 홈페이지〉, https://www.unikorea.go.kr/unikorea/business/cooperation/status

약 30년 전에도 이뤄진, 상상이 아닌 현실

10년이면 강산도 변한다는 속담이 있다. 30년이 넘는 세월이 지나고 있다. 한국 사회에 북한 방문과 남북 만남이라는 불시착은 허구이자 있을 수 없는 일이라고 생각하는 사람이 많은지 혹은 2019년 말에 방영된 드라마의 단순 기획 의도와 설정일 뿐, 사실은 남북 만남과 교류는 존재한다고 알고 있는 사람들이 많은지 가늠이 되지 않는다.

제작진은 "허구로 진행되는 이야기"라고 밝혔다. 하지만《사랑의 불시착》은 상상만으로 만든 허구의 드라마가 아니다. 나에게는 현실에 바탕을 둔 장면들이 드라마 곳곳에서 보였다.

등장인물 소개를 보면 리정혁(현빈 분)은 스위스에서, 서단(서지혜 분)은 약 10년 동안 러시아에서 유학했다. 유럽과 러시아에 거주하는 북한 유학생의 존재는 익히 들어왔던 사례다. 중국 학교에서 한국 학생과 짝꿍으로 지내기도 하는 북한 학생과 다르지 않다. 2006년, 내가 다니던 단둥의 학원에 북한 학생이 있었고 그들이 공부하는 모습을 보곤 했다.

영국 국적의 사업가인 구승준(김정현 분)은 한국사람이기도 하다. 드라마에서 북한에 체류하는 것으로 나온다. 그는 나와 함께 술 한잔한 뒤, 다음 날 단둥역에서 평양행 기차표를 구매해서 압록강을 건너던 재외동포 혹은 재외국민들과 비슷해 보였다.

물론 그들 사이에는 도피가 아니고 사업 또는 친척 방문을 하기 위해서 북한에 간 차이가 있을 뿐이었다. 드라마 속 등장인물들의 삶은

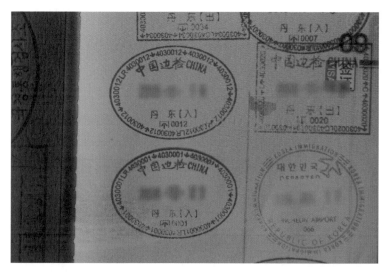

같은 민족이지만 다른 국민인 해외동포는 북한과 한국 모두를 왕래하기도 한다. 그런 이들의 여권에는 이런 삶이 담겨 있다(2014년).

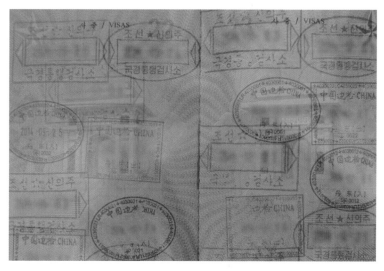

세계에서 가장 폐쇄적인 국가로 인식되는 북한이다. 이런 편견을 지우고 보면 드라마《사랑의 불시착》뿐만 아니라 현실에서도 북한사람은 국경을 넘나들고 있음을 알 수 있다(2015년).

드라마《사랑의 불시착》: 현실에 바탕을 둔 상상력

그동안 내가 만나오고 있는 사람들의 삶의 이력 그리고 한반도 안과 밖에서의 남북 교류와 만남 사례와 많은 부분 일치했다.

두 주인공인 윤세리(손예진 분)와 리정혁이 스위스 여행지 다리 위에서 우연히 만나는 장면은 실제로 일어날 수 있는 장면이었다. 그렇기 때문에 2018년에 영화로 제작된 『공작』이 준 아쉬움을 다른 측면에서 더 진하게 느꼈다. 세번째 책에서 나는 이 소설과 비교되는 남북 만남의 사례를 이야기했다.

공작원만 있는 도시에서 은밀한 작업이 가능할 수는 없다. 일상에서 이런저런 만남이 많아야 자연스럽게 공작도 가능하다. 그렇지만 소설과 영화에서는 베이징과 단둥을 일상적인 남북 만남이 이루어지는 공간으로 바라볼 여지를 전혀 주지 않는다. [...] 나는 베이징에서 북한사람과 아파트 아래위층으로 살며 왕래했던 지인의 경험을 들었다. 그 이야기는 소설 『공작』의 시대적 배경인 2000년대 전후와 겹쳤다. 중국 단둥에도 한국 기업이 건설한 SK 아파트의 같은 층에 이웃으로 지내는 남북의 가족이 현재(2019년)도 있다. 이들이 모두 공작원일까? 그러기에 단둥에는 그런 남북의 사람들이 너무 많다. [...] 한국사람보다 많은 북한사람이 산다.[*]

이처럼 한반도 밖에서는 2000년대 전후뿐만 아니라 2019년에도 한

• 강주원, 2019, 『압록강은 휴전선 너머 흐른다』, 눌민, 177쪽.

1부 | 한국 사회에 투영된 분단 그림

중국 단둥의 택배 회사 입구에는 서울과 중국과 평양을 연결한 그림이 선명하다. 친절하고 정확하게 배달함을 알리는 문구가 보인다. 아는 사람들은 활용했던 이 구조 속에서 남북 교류와 만남은 약 30년 동안 깊어져왔다. 현재진행형이다(2007년, 『압록강은 다르게 흐른다』에서 재수록).

한국 대기업이 건설한 중국 단둥 아파트에는 남북의 가족들이 아래층과 위층 혹은 복도를 사이에 두고 살고 있다. 한반도를 제외한 지역에서 단둥 도시만 남북의 사람들이 한 지붕 아래에서 사는 것은 아니다 (2019년).

드라마《사랑의 불시착》: 현실에 바탕을 둔 상상력

아파트에 남북의 사람이 앞집 옆집에 살았다. 2022년 현재, 역시 마찬가지다. 한국사람보다 북한사람이 많은 공간이 단둥 도시에만 있는 것도 아니다. 이미 제3국에서 1990년대 전후부터 남북 교류와 만남이 일상적 또는 우연히 이루어지고 있다.

드라마 속 윤세리와 리정혁의 첫 만남과 같은 사례들이 국가보안법을 위반하지 않은 선에서 겹겹이 쌓여왔다. 이를 알기에 나는《사랑의 불시착》이 "국가보안법을 위반"한 소지가 있는 내용을 다룬 것이 아님을 강조해야 하는 2020년 전후의 한국 사회가 낯설게 다가온다.

북한과의 만남을 다룬 이야기는 여기에 그치지 않는다. 이 드라마가 한창 인기몰이를 하던 바로 그 시기에 북한과 관련된 소식을 들었다. 예능 프로가 아니었다. "(시베리아 횡단 열차) 여행에서 우연히 만난 남북한 사람들이 같이 밥을 먹고 즐거운 수다도 나누는 영상이 화제" 라는 방송 뉴스를 접했다.

2020년의 한국 사회는 기차 안에서 있었던 남북의 만남을 뉴스 소재로 삼고 있다. 30년 넘는 세월 동안 한반도 밖에서는 남북의 사람이 만나왔다. 한반도 안에서는 남북 만남에 대한 변함없는 편견과 국가보안법이라는 존재의 무게감을 느꼈다.《사랑의 불시착》이 유럽과 북한 등에서 남북의 사람이 서로 만나왔고 또 만날 수 있다는 현실을 반영한 드라마로 기억되기를 바라는 것은 역시 무리일까라고 나에게 묻고 또 물었다.

• 《MBC 뉴스》2020년 1월 27일자, "해외여행 중 옆자리에 북한사람이?"

미래가 아닌 남북 만남의 방식과 장면

《사랑의 불시착》의 두 주인공은 휴대전화의 예약 문자 기능을 이용해서 인연을 이어갔고 마침내 스위스에서 재회했다. 드라마는 그렇게 끝났다. 엉뚱한 생각을 해봤다. 내가 작가를 미리 만났더라면 극적 재미는 없으나 국가보안법을 준수하면서도 여러 방식으로 소식을 전하고 재회하는 또 다른 방법이 있음을 알려줬을 것이다.

2018년 겨울, 북한에 출장을 간 재외동포가 서울에 있는 나에게 위챗 메신저로 안부 문자와 함께 평양 식당에서 식사하는 사진을 실시간으로 보내온 적이 있다. 나 또한 바로 답장했다. 드라마 속 리정혁이 외국 친구의 휴대전화를 빌리면 얼마든지 평양에서 서울에 있는 윤세리에게 문자를 보낼 수 있다.

고전적인 연애 방법도 있다. 남북의 이산가족은 1990년부터 한 해도 빠짐없이 민간 차원에서 편지를 주고받았다. 나중에는 통일부의 경비 지원을 받고 있다. 2021년까지 그 규모가 1만 1,641건이다.[*] 천 건도 아니고 만 건이 넘는다. 그 경로를 활용하면 두 주인공은 편지 교환이 가능하다.

윤세리가 서울에서 인편으로 선물을 보내는 방식도 있다. 단둥을 거쳐 이틀 내에 평양에 있는 리정혁이 받아볼 수 있다. "대북 우편물 서비스에서 선두는 독일계 기업 DHL로, 온라인에서 북한 배송을 검

---

* 〈통일부 홈페이지〉 https://unikorea.go.kr/books/

색하면 제일 쉽게 접근할 수 있다."[*]는 기사에서 밝힌 것처럼 두 주인 공의 연결 고리 방법은 다양하다.

그뿐만 아니다. 마음먹기 나름이다. 윤세리가 스위스에서 기약 없이 리정혁을 기다리지 않아도 된다. 그녀가 다른 나라의 국적을 가지고 있거나 가지게 되면 평양에 직접 가서 리정혁을 만날 수 있다. 이는 국가보안법의 잣대에 적용되지 않는다. 물론 이 사례는 드라마에서 또 다른 주인공인 구승준이 재외동포라는 정체성을 활용해 북한에 머무르거나 그곳을 넘나드는 장면에서 보여준 소재다.

드라마 마지막 부분에 나왔던 남북 만남과 비슷한 방식은 현실에서 펼쳐진다. 독일, 북한, 한국의 대학이 기획한 장을 통해 한반도 밖에서 남북의 학생들이 만났다. 그들은 독일 베를린의 같은 건물에서 함께 생활하고 이야기도 나눴다. 남북이 함께한 배움의 자리가 만들어진 때가 마침 《사랑의 불시착》이 방송되던 그 시기인 2020년 1월이다.

> 자유대 계절 학기는 자연스럽게 남북한 대학생들 의 만남의 장이 되었다. [...] 김일성대학 학생 12명 외에 홍익대·부산대·충남대에서 온 약 80명의 한국 학생들이 함께 수업을 들었다. 같은 기숙사 건물에서 함께 생활한 학생들도 있었다. 이들은 3주간의 수업을 마치고 종강하던 날 계절 학기 졸업식장을 유쾌한 파티장으로 만들었다. [...] 누가 남쪽에서 왔고 누가 북쪽에서 왔는지 구분하기 어려웠다.[**]

• 《뉴스1》 2021년 8월 7일자, "내 물건이 북한으로 갈 것 같아요"
•• 《중앙선데이》 2020년 2월 8일자, "김일성대 학생들 발랄"

내가 남북 교류와 만남을 연구하기 시작한 2000년부터 이 같은 사례들을 지켜봤다. 그 결과 드라마 《사랑의 불시착》이 허구라는 것에 동의하면서도 그 속에 등장한 많은 장면과 내용은 남북 교류와 만남이 이루어져온 현실에 바탕을 두고 있다고 강조하고 싶다.

이와 같은 만남의 방식, 그것이 가능한 공간은 드라마에서나 혹은 미래에서나 마주할 수 있는 장면이 아니다. 다른 나라의 영주권이나 시민권이 없어도 된다. 한국 국적만 있어도 된다. 그러니까 재외동포와 재외국민이 아니어도 제3국에서 북한사람을 만날 수 있다.

1990년대 전후부터 몇 가지 사항만 지키면 국가보안법을 위반하지 않고도 한반도의 안과 밖에서 서로 만날 수 있고, 만나왔다. 《사랑의 불시착》은 이러한 사례를 보여주고 있다. 현실에 바탕을 두면서 상상력을 더한 드라마다.

남북의 만남을 소재로 다룬 이야기들은 영화에서도 종종 등장한다. 1991년 내전에 휩싸인 소말리아 수도에서 북한과 한국 외교관과 그 가족들이 함께 탈출한 실화를 배경으로 다룬 《모가디슈》가 2021년에 개봉됐다. 특히 영화의 한 장면이 화제가 됐다.

> 남한대사의 부인이 깻잎을 먹으려는데 잘 떼어지지 않자 반대편에 앉아 있던 북한대사 부인이 말없이 한쪽을 잡아준다. [...] 남북이 서로 말을 걸거나 시선을 마주치는 것조차 금기시되었던 시절.*

---

* 《경향신문》 2021년 8월 17일자, "트릴레마와 '모가디슈' 깻잎"

사회적 반향을 의식했는지 영화사 측에서는 영화를 본 관객들에게 깻잎 통조림을 증정하는 이벤트도 열었다. 그런데 영화 속 배경이 된 1991년은 위의 표현대로 "남북이 서로 말을 걸거나 시선을 마주치는 것조차 금기시되었던 시절"은 아니다. 앞서 말한 바와 같이 1990년대 전후는 노태우 정부의 북방정책과 함께 남북의 사람이 한반도 안과 밖에서 만나기 시작한 때다.

기억을 더듬어봤다. 1990년에는 서울과 평양에서 남북통일축구대회가 열렸다. 1991년은 남북한 단일팀이 세계탁구선수권대회에 출전했던 그해다. 이는 영화 《코리아》로 만들어졌다. 국회의원을 포함한 25명의 대표단이 특별 열차 편에 올라 개성에서 평양[•]으로 향했다.

그 시절 전후부터 지난 약 30년 동안 남북의 사람들은 한반도 안과 밖에서 만나왔고 함께 식사를 해왔다. 때로는 영화 속 장면처럼 서로 눈길조차 피하는 어색함이 이어졌다. 때로는 술잔을 건네는 화기애애한 분위기가 만들어졌다. 영화 《모가디슈》의 실제 모델인 소말리아 전 대사 강신성은 영화 속 깻잎 장면과 다른 이야기를 한다.

북한사람들이 우리(한국) 관저로 오면서 자기들 공관 마당에 묻어놓았던 쌀, 채소 같은 부식을 다 들고 왔더라고요. [...] 그걸로 같이 저녁밥을 지어 먹었죠."[••]

[•] 박영숙, 2010, 「8박 9일의 북한체류기」, 『다시 한반도의 길을 묻다』, 삼인, 365쪽.
[••] 《중앙일보》 2021년 8월 3일자, "모가디슈 총성 속"

실화를 다룬 영화라도 모든 장면을 있는 그대로 연출하지는 않는다. 그래도 영화관을 나설 때 위의 장면도 그 당시 현실이었음을 알지 못하는 상황이 안타깝다. 이는 영화를 영화로만 보지 않는 나의 고질병일까?

아니면 1991년에 펼쳐졌던 사실과 2021년에 개봉된 영화의 묘사가 다름을 어떻게 바라봐야 할까? 영화 속에 등장한 깻잎 장면이 2021년의 한국 사회에 화제가 되는 이유를 어디서 찾아야 할까? 나는 1990년대도 아니고 여전히 1980년대에 머물러 있는 한국 사회에서 살아가고 있는 것 같다.

나는
휴전선을 몰랐다

38선 나무표지판과 휴전선 말뚝

2000년 여름, 시야에 들어온 두만강 주변에는 철조망이 없었다. 신기했다. 2006년 가을, 중국 단둥 시내에 살기 시작하면서 나는 당황했다. 강 건너가 북한 신의주인데 이를 가르는 국경 철조망이 없었기 때문이다.

인류학의 참여관찰을 시작하고 한 달이 지난 때였다. 시내에서 벗어나 서쪽으로 나 있는 신작로를 가봤다. 그 길을 따라 막 조성된 철조망이 있었다. 1미터도 안 되어 보이는 실개천 너머가 북한 황금평이었다.

"아, 이곳에 중·조 국경을 가르는 철조망이 있구나!"라고 지나가는 말을 했다. 이를 듣고 같이 간 단둥 지인은 "여기까지가 중국 땅임을 표시하기 위해 만든 철조망이지 한국사람이 생각하는 국경 철조망은

중국과 북한의 압록강에는 2006년 전후부터 철조망이 생기기 시작했다. 1945년을 기준으로 약 60년이 지난 이후다. 이 철조망이 국경을 상징하지 않는다(2007년).

백두산 천지 언저리에는 중국과 북한의 국경 표시가 빨간 줄이었다. 2018년에도 굵은 줄로 교체되었을 뿐 철조망은 그곳에 없었다(2008년).

압록강의 중류를 바라볼 수 있는 중국 도로에는 철조망이 없는 경우가 많다(2018년).

아니다."라고 했다. 혼란스러웠다. 그는 "단둥 주변에는 이전(2006년)에 철조망이 없었다."라는 말을 덧붙였다.

시간을 계산해봤다. 1945년 광복 이후, 여기까지가 중국 땅이라고 표시하는 철조망조차 없었던 세월이 60년이 넘었다. 그 시기에 녹아든 삶을 따라가기 시작했다. 그 삶은 과거만이 아니라 현실에서도 펼쳐지고 있음을 목격하고 기록으로 바꾸는 연구를 본격적으로 시작했다.

예를 들어 2008년, 남파로 올라간 백두산 천지 주변에는 국경 표시가 있었다. 말뚝 사이를 연결한 빨간 줄이었다. 2019년, 압록강에는 철조망이 없는 지역이 더 많다. 그곳 사람들은 철조망을 국경으로 인지하지 않았다. 철조망이 생긴 지역에서 그들의 삶이 크게 변하지 않고 있음을 나는 배웠다. 약 20년 동안의 연륜이 쌓이다 보니 중·조 국경 지역의 성격과 변화를 제법 알게 됐다.

다만 국경을 표시하고 나누는 철조망이 없다는 사실을 한 번씩 부러워했다. 2020년 어느 날 문득, 40년 남짓 한국에서 살았고 한국사람인 나는 휴전선과 관련되어 얼마나 알고 있는지 반문했다. 막연하게 잘 알고 있는 것 같기도 했다.

막상 휴전선이라고 하면 1953년 한국전쟁 이후에 생겼다는 사실 이외에는 내가 설명할 수 있는 내용이 별로 없었다. 아니 정확하게 알고 있지 않았다. 중·조 국경을 어느 정도 알고 있다는 자부심이 휴전선에 대한 무지 앞에서는 부끄러움으로 바뀌었다. 순간 반성했다.

그 경험이 계기가 되어 2018년에 읽었던 사회학자 정근식의 「냉전·분단 경관과 평화: 군사분계선 표지판과 철책을 중심으로」*를 다시 정독했다. 글에 서술된 사실이 새롭게 다가왔고 놓쳤던 내용이 눈에 들어왔다. 이를 요약하면서 나름의 생각을 정리한 노트가 있다. 이를 다듬어서 옮겨봤다.

38선의 가시화는 처음(1945년 9월)에는 주요 통행로의 도로 차단기 설치와 함께 경비초소였다. [...] (1946년 미소공동위원회) 21개소에 임시 말뚝을 박고 표지판을 설치하였는데, 여기에는 러시아어·영어·한글로 "이 지역은 38도선 이남 지역이며 미국점령지역임"이라고 썼다. [...] (1947년 4월, 제2차 38선 합동 조사 후) 38선의 주요 교통로 83개소에 나무 표지판을 설치하였고, 또한 이북 1킬로미터 이내의 마을 66개, 이남 1킬로미터 이내의 마을 63개, 총 129개 마을에서 표지판을 설치하였다.**

선입견과 달리 38선이 하룻밤 사이에 남북을 둘로 갈라놓지는 않았다. 38선 표시는 약 2년에 걸쳐서 생긴 도로 차단기 혹은 나무표지판이었다. 물론 경비초소도 양쪽에 있었지만 이들 사이에는 약 2년의 세월만큼 여백이 많다. 촘촘하게 산과 강을 가로질러 이어져 있지 않고 주요 교통로와 38선 주변 마을에 설치했다.

여러 책에서 한국전쟁 이전에는 친척 방문 혹은 장사 목적으로 사

---

* 정근식, 2018, 「냉전·분단 경관과 평화」, 『황해문화 가을호 100』, 새얼문화재단, 153-182쪽.
** 정근식, 2018, 「냉전·분단 경관과 평화」, 『황해문화 가을호 100』, 새얼문화재단, 157-158쪽.

람들이 남북을 오갔다고 소개한 사례들이 떠오른다. 38선 이북의 학생들이 38선 이남의 학교를 1년 안팎으로 다녔다는 일화도 읽은 적이 있다. 그때의 38선은 그 시절을 살았던 사람들에게 단절의 의미만은 아니었다. 아래 인용문에서 진서면 위치는 현재(2022년) 판문점에서 대략 북쪽이다. 그 당시 개성과 진서면 대부분은 38선 이남이었다.

> 38선 남쪽 약 500미터 지점에 위치한 진서면 진서 국민학교에는 해방 이후에도 38선 이북에 사는 학생들이 학교에 다니고 있었다. 이 학교 학생들은 남한 경찰관과 미군 그리고 북한 경비대원과 소련군을 번갈아서 학교에서 만나고 있었다. 초기에는 미소 양군과 남북 경찰관과 경비대원들도 서로 만나 인사도 하고 가져온 음식도 나누어 먹기도 하였다.[•]

김구 선생이 1948년 4월에 38선을 넘으면서 나무표지판을 배경 삼아 찍었던 사진을 본 기억도 난다. 왜 그 나무표지판을 38선의 이미지로 연결하는 생각을 하지 않았는지 나에게 묻게 된다. 매년 숫자가 더해지는 분단 ○○년이라는 문구 앞에서 나는 분단 이후의 어떤 삶을 놓치고 있었던 것일까? 이제는 휴전선이 궁금하다.

1953년 7월 27일 발표된 정전협정에서는 임진강 하구에서 동해안 간성까지 총 1,292개의 말뚝을 박고, 이 말뚝을 이은 약 248킬로미터의 가상

• 윤택림, 2016, 『구술로 쓰는 역사』, 아르케, 114쪽.

의 선을 군사분계선(휴전선)으로 설정하였다. 군사분계선을 나타내는 표지판은 1957년까지 총 1,292개가 200미터 간격으로 설치되었는데, 남측(유엔사)에서 696개를 관리하고 있고, 596개를 북측에서 관리하였다.[*]

위의 내용에서처럼 휴전선은 "말뚝을 이은 가상의 선"이다. 즉 말뚝 설치물만이 있을 뿐이다. 전체가 철조망이나 장애물로 연결되어 있지 않은 모양새다. 가만히 생각하니 휴전선이 철조망으로 되어 있다고 착각했던 시절도 있었다. 나는 무엇 때문에 휴전선의 모습을 헷갈렸고 은연중에 중·조 국경을 부러워했던 것일까?

남북 분단의 상징은 한국전쟁 전에는 나무표지판이었다. 후에는 말뚝으로 바뀌었다. 휴전선을 설정한 것이 1953년이다. 휴전선 전 구간에 말뚝을 설치하는 데 걸린 시간만 약 4년이다. 38선과 마찬가지로 그 세월의 간격이 의미 있게 와닿는다.

그 말뚝을 분명히 나는 영상 혹은 사진에서 접했다. 대표적으로 판문점 공동경비구역 서쪽의 일명 돌아오지 않는 다리 근처에 있는 휴전선 말뚝의 존재를 알고 있었다. 정작 이를 휴전선의 구체적인 이미지로 생각하지 않을 때가 많았다.

이런 사례는 또 있다. 2007년 노무현 대통령, 2018년 문재인 대통령은 철조망 없는 휴전선을 넘었다. 하나는 임시로 그어놓은 노란 선이었다. 다른 하나는 폭 50센티미터와 높이 5센티미터 콘크리트 경계

---

[*] 정근식, 2018, 「냉전·분단 경관과 평화」, 『황해문화 가을호 100』, 새얼문화재단, 158-161쪽.

1953년 8월, 휴전선 말뚝을 준비하고 있는 장면이다. 한국전쟁 이후 휴전선에는 이와 비슷한 말뚝만이 존재한다. 다른 구조물과 철조망이 설치되지 않았다(1953년, 미국 국립문서기록관리청 자료를 수집한 성공회대 냉전평화연구센터 제공).

석(턱)이었다.

휴전선 말뚝은 2022년 현재 그 자리에 그대로 있다. 단지 녹슬었을 뿐 다른 무엇이 덧칠해지고 더해지지 않았다고 한다.[*] 한국 사회는 이러한 말뚝을 지금의 휴전선으로 생각하지 않는 경향이 강하다고 생각했다. 남들만 그렇다고 판단했다. 나의 책에서는 휴전선을 장벽이라고 써오지 않았다고 여겼다. 아니었다.

● 정근식, 2018, 「냉전·분단 경관과 평화」, 『황해문화 가을호 100』, 새얼문화재단, 158-161쪽.

휴전선이라는 물리적 장벽보다 분단이라는 심리적 장벽을 극복하기가 더 어려워 보였다.[*]

휴전선이라면 한반도 땅을 가로지르는 그 철조망이 말하듯[**]

일 년 내내 원고를 쓰고 고치면서 휴전선을 장벽 혹은 철조망으로 표현하지 않으려고 신경을 썼던 것으로 기억한다. 그랬음에도 불구하고 휴전선을 물리적 장벽으로 묘사하고 철조망이 있다는 문구를 남겼다. 나 역시 그랬다.

장벽의 사전적 의미에 집착할 필요가 없다고 핑계를 대고 싶었다. 그래도 연구자로서 양심은 있다. 하지만 이미 활자화된 나의 글을 어떻게 고쳐야 할지가 막막하다. 일단 기약 없는 다음 인쇄 때를 대비해 빨간색 표시를 해놓았다.

철조망의 역사: 분단 세월보다 약 23년 짧다

DMZ와 그 주변을 연구 주제와 대상으로 삼기 전에 나는 한국 사회에 분단과 관련된 철조망이 언제부터 생겼는지 궁금해하지 않았다. 아니

---

[*] 강주원, 2019, 『압록강은 휴전선 너머 흐른다』, 눌민, 137쪽.
[**] 강주원, 2019, 『압록강은 휴전선 너머 흐른다』, 눌민, 89쪽.

그 철조망은 한국전쟁이 끝나자마자 생겼다고 여겼다. 이런 짧은 생각을 위로하는 내용이 다시 읽고 있는 사회학자 정근식의 글에 있다.

그는 "(2018년 현재) 분단을 상징하는 철책(철조망)은 흔히 휴전과 함께 군사분계선을 따라 설치된 것으로 오해되지만, 철책은 설치된 시점과 이들이 시민들에게 알려지는 시점이 다른 모호한 존재"[*]라고 서술하였다. 이를 근거로 무지 혹은 무관심이 나만이 아니었다고 위안을 삼기에는 무안했다. 그는 이어서 철조망의 역사를 다루었다.

휴전선, 정확하게 비무장지대(DMZ)의 남방한계선에는 1965년까지도 뚜렷한 장애물이 없었다. [...] (신인호는) 철책 이전에 목책이 1964년에 설치되기 시작했다고 보았다. [...] (이재전의 증언에 따르면) 1967년 초에는 서부전선에 목책이 설치되어 있었고, 다른 지역에는 그것조차 없었다. [...] 김신조 부대가 (1968년 1월) 침투한 파주 지역에 이미 철책이 있었던 것을 알 수 있다. [...] 비무장지대 남방한계선의 철책은 미군의 원조로 1968년부터 제21사단에서 설치하기 시작하여 이후 전면적으로 확대되었고 1972년까지 완료되었다. 이후 이 철책들은 다시 세워지거나 덧씌워졌다. [...] 실제로 철책은 지형에 따라 다르지만, 군사분계선에서 2킬로미터 떨어진 지점이 아니라 약 0.5킬로미터 북쪽으로 올라간 지점에 설치되어 있고, 이것이 실적인 남방한계선이라고 할 수 있다.[**]

---

[*] 정근식, 2018, 「냉전·분단 경관과 평화」, 『황해문화 가을호 100』, 새얼문화재단, 163쪽.
[**] 정근식, 2018, 「냉전·분단 경관과 평화」, 『황해문화 가을호 100』, 새얼문화재단, 165-169쪽.

위의 글에서는 휴전선과 남방한계선을 구분하고 있다. DMZ(비무장지대) 끝인 남방한계선에는 1965년 전후까지 장애물이 없었다. 경기도 파주 DMZ의 국외 자료를 수집한 보고서에는 1967년 파주 남방한계선에 철조망이 만들어지는 장면을 찍은 사진*이 수록되어 있다.

이를 참고해서 위의 인용문을 보면 1968년 전후부터 철조망이 설치되기 시작했다. 1972년까지 약 5년에 걸쳐서 남방한계선 철조망이 생겼다. 이 대목을 정리하면서 나는 약 60년 동안 철조망이 없었던 중·조 국경 지역의 주변이 떠올랐다.

1945년 광복 이후, 38선엔 나무표지판이 있었다. 1953년 한국전쟁 이후, 휴전선엔 말뚝만이 존재했다. 분단 이후 남북을 가르는 것은 나무표지판과 말뚝이다. 철조망이 휴전선이 아닌 DMZ 끝의 안과 밖에 만들어지기 시작한 것은 1968년 전후다.

그제야 계산해봤다. 1945년 광복 이후에 38선과 휴전선엔 철조망이 없었다. 그 기간이 약 23년이다. 한국 사회에서 분단의 상징으로 언급되는 철조망은 분단과 동시에 바로 세워지지 않았다.

나는 철조망이 생긴 시기와 역사에 대해서 까막눈이었다. 하지만 휴전선엔 철조망이 없음을 재확인하고 철조망 역사는 분단 세월과 일치하지 않는다는 사실을 알게 됐다. 그다음부터 휴전선에 철조망이 있다고 잘못 서술하거나 철조망과 분단의 역사가 같다고 잘못 전하는

• 강성현 외, 2020, 「파주 DMZ 및 접경지역 국외자료 수집과 콘텐츠 활용 종합계획 보고서」, 파주시·성공회대 동아시아연구소 냉전 평화센터, 295-297쪽.

한국전쟁 이후부터 DMZ에는 철조망이 없었다. 그런 풍경이 이어지다가 1967년 10월, 파주 지역에서 남방한계선 철조망 공사가 진행되고 있는 모습이다(1967년, 미국 국립문서기록관리청 자료를 수집한 성공회대 냉전평화연구센터 제공).

철조망의 역사는 1945년부터 시작된 분단 세월보다 약 23년 짧다. 도라전망대 앞을 지나가는 남방한계선 철조망이다(2020년).

글들이 눈에 들어오기 시작했다. 예를 들어 아래 글과 같이 한국전쟁의 휴전과 동시에 철조망이 세워졌다고 잘못 표현한 내용이 자꾸 보인다.

(2021년) 임의로 허물 수 없는 이념의 차이와 대립의 장벽인 철조망이 휴전과 함께 한반도에 세워진 지 68년이다. 여러 겹의 철조망 사이에 날카로운 칼날들이 장착된 철조망을 사이에 두고, 남과 북은 견고한 대립 구도 속에서 어떤 접근도 허락지 않은 채 지구촌 마지막 남은 분단국으로 살아가고 있다.[*]

나도 몰랐다. 처음부터 지금까지 철조망이 없는 휴전선 모습과 특히 철조망이 없었던 남방한계선 역사를 모르는 경우가 한국 사회의 한 부분을 차지하고 있었다. 너무나 익숙한 대상에 대한 순간의 착각이나 오류일까? 남북 분단과 관련된 기본 사실을 한국 사회는 눈앞에서 놓치고 있는 것이 아닐까?

그래서 분단의 장벽, 철조망 등을 말할 때 휴전선을 함께 쓴 기존의 책과 기사들의 표현을 남방한계선으로 바꿔서 읽어봤다. 그 문장과 단어가 무엇인가 어색하게 느껴지는 이유가 무엇일까? 나의 이런 생각은 어디서부터 꼬인 것일까?

---

[*] 《한국강사신문》 2021년 12월 24일자, "다큐온, 철조망 십자가"

철조망은 분단의 상징일까?

분단의 상징을 휴전선으로 배웠다. 이때 철조망은 자연스럽게 따라왔다. 그렇지만 고민하게 된다. 말장난으로 보일지 모르겠다. 과연 휴전선이 아닌 남방한계선을 남북을 가르는 상징이라고 할 수 있을까?

연구자들은 휴전선에 대해서 실질적인 국경이 아니라고 말한다. 하지만 남북을 가르는 경계(境界)의 상징으로 자리 잡은 것도 한국 사회의 현주소다. 거기에는 가상의 선이 있을 뿐 철조망은 없다. 남방한계선 철조망은 휴전선이 있는 DMZ의 끝에 있다. 이 철조망이 생긴 배경은 양쪽을 나누는 경계보다는 북한을 상정한 경계(警戒) 또는 경비가 목적이었다.

남방한계선 너머에 휴전선이 있다. 휴전선과 북쪽 DMZ 너머가 북한이다. 휴전선 이남의 DMZ는 유엔사가 관리한다. 남방한계선 이남부터는 한국 지역인 것으로 나는 알고 있다. DMZ는 말 그대로 남과 북의 중립 지역이다.

한국 사회는 1968년 전후까지 남방한계선 철조망 없이 살아왔다. 그 이후 DMZ와 한국 땅 사이에 그러니까 남방한계선에 철조망을 만들어왔다. 어떻게 보면 한국 땅의 시작과 끝에 철조망을 만들어왔다. 그렇다면 그 철조망은 분단의 상징일까? 1970년 전후, 남방한계선 이외에도 한국 사회는 DMZ가 아닌 지역에 다양한 명칭의 철조망을 만들어왔다.

강원도 속초 해변에서 볼 수 있는 철조망 설명이다. 1970년 전후에 설치되기 시작한 동해안 철조망의 이름은 다양하다. 분명하게 말할 수 있는 것이 하나 있다. 남방한계선 철조망이 아니다(2019년).

한강하구의 철책은 1970년에 설치되었다. 한강 하류 고양과 건너편 김포 양쪽 강변에 22.6킬로미터의 철책이 세워졌다. [...] 동해안에도 목책에 이어 철책이 설치되었다. [...] 강화 교동도의 경우 1998년에 해안 철책이 설치.*

다시 정리해봤다. 철조망은 해방 이후의 분단 과정 혹은 한국전쟁 직후의 결과물이 아니다. 한국 사회가 만들어낸 구조물이다. 1968년 전후부터 남북을 가르는 휴전선이 아닌 남방한계선에 세워졌다. 그 이후 한국 사회는 DMZ 지역이 아닌 여기저기에도 만들어왔다.

---

* 정근식, 2018, 「냉전·분단 경관과 평화」, 『황해문화 가을호 100』, 새얼문화재단, 169쪽.

DMZ와 철조망이 함께 그려져 있다. 이 디자인은 어린이 시각으로 크레용을 이용해 그린 철조망의 모습이라고 한다. 그 어린이는 어떤 철조망을 상상하면서 그렸을까?(2022년)

그렇다면 철조망을 분단의 상징으로 인식하는 고정관념에 대해 한 번쯤 생각해볼 여지가 있지 않을까? 1945년 광복 이후, 한국 사회는 약 23년 동안 철조망 없이 살아왔다. 분단의 시작과 철조망이 생긴 시기를 동일시하는 편견은 그 세월을 외면하는 모양새다.

생각의 여지는 또 있다. DMZ와 남방한계선 철조망은 탄생 배경도 다르고 성격도 다르다. 하지만 한국 사회는 때로 이 둘을 결부시키곤 한다. 파주와 임진강을 다니면서 나는 이 지역 홍보물에서 DMZ 글자와 철조망을 한 그림에 같이 그리거나 겹친 디자인을 자주 목격한다. 2014년, 정부가 구축한 〈디엠지기 홈페이지〉 *에서 그 사례를 볼 수 있다. 남방한계선의 시작과 끝이 DMZ이기 때문에 틀린 그림은 아니다.

그렇지만 이 이미지를 볼 때마다 사람들이 휴전선에 철조망이 있다고 잘못 생각할지 아니면 남방한계선 철조망이라고 생각할지 궁금했다. 전자의 경우가 많을 것이라는 기우는 뜻하지 않은 공간에서 확인했다. 그것도 DMZ 안이었다. 판문점 왼편에는 대성동 자유의 마을이 있다. 철조망이 없는 휴전선이 약 400미터 앞에서 펼쳐지는 현장

---

* 〈디엠지기 홈페이지〉 https://www.dmz.go.kr/

　　　　　　　　　　　　　　　1부 | 한국 사회에 투영된 분단 그림

이다.

2020년, 마을회관 옥상 전망대에서 본 안내 영상들에는 휴전선 위치에 없는 철조망이 구체적으로 그려져 있었다. 즉 휴전선을 철조망으로 묘사하고 있었다. 현장과 영상이 다르다. 아니 영상이 틀렸다.

이뿐만이 아니다. 한국 사회는 가까이 있지도 않은 DMZ를 여기저기에 갖다 붙인다. 민통선이고 한강하구이고 한강 하류이고 묻지도 따지지도 않고 철조망이 있는 지역을 DMZ라고 말한다. 각각의 명칭이 있던 철조망을 DMZ 철조망으로 통일해 부르곤 한다.

내 생각에 분단의 상징을 표현하고자 했다면 DMZ와 남방한계선 철조망의 결합이 아니라, DMZ와 휴전선 말뚝을 함께 그리는 것이 맞는다. 철조망이 아니다. 말뚝이 남북을 가르는 분단의 상징 가운데 하나다.

이 그림이 나조차 어색하다. 굳어진 고정관념 때문인 것 같다. 어디서부터 바로잡아야 할까? 한국 사회는 분단의 시작을 1945년으로 말한다. 휴전선엔 철조망이 없다. 남방한계선 철조망은 1968년 전후로 처음 역사에 등장한다. 이 모두를 엮을 수 있는 분단의 상징은 아무리 생각해도 없다.

로마에 간 평화의 십자가:
DMZ 철조망으로 만들었다면!

감동에서 물음표로

문재인 대통령의 평양 방문이 약 3년 전 과거의 일이 되던 2021년 10월 말이다. 코로나19 여파로 남북 관련 소식이 뜸하던 때였다. "통일부, 로마서 DMZ 철조망 녹여 만든 평화의 십자가 전시회"를 개최했다는 제목의 뉴스들을 계속 접했다.

DMZ 철조망이 분단의 상징에서 평화의 상징으로 재탄생됐다고 했다. 1989년에 허물어진 베를린 장벽이 겹쳐 보였다. 조각난 장벽이 그동안 어떻게 어떤 식으로 기념화돼왔는지를 알고 있었다. 파주 도라산역에서 그 일부분이 전시된 것을 본 기억이 스쳐 지나갔다. 평화의 십자가 전시회가 반가웠다.

(통일부는) 로마 성 이냐시오성당에서 '철조망, 평화가 되다'라는 주제로

이 같은 전시회를 연다고 밝혔습니다. [...] 분단의 상징이었던 비무장지대 철조망이 평화의 상징인 십자가로 재탄생되는 것처럼, 한반도 역시 분단에서 평화로 나아가야 한다는 취지에서 기획됐습니다.[*]

이런 의미 있는 행사 준비를 몰랐던 나의 게으름을 자책했다. 한편으로는 의문도 들었다. 비무장지대 철조망을 녹였다는 것은 그 철조망을 철거했다는 것이다. 그처럼 중요한 장면이라면 뉴스에 나왔을 텐데, 어쩌다 놓친 것일까? 지금의 남북 관계에서 이와 같은 작업이 가능했을까?

질문이 이어졌다. 너무 앞서 생각한 것일까? 아마도 철거, 그러니까 허문 것이 아니고 단순 교체 후 생긴 철조망일 수 있겠다고 생각했다. 계속 기사들을 찾아봤다. 이해가 안 되는 대목들이 시선을 사로잡았다.

"우리 정부는 남북한을 하나로 갈라놓는 250킬로미터의 군사분계선과 비무장지대 철조망의 일부를 철거했는데 그 녹슨 철조망이 이렇게 아름다운 평화의 십자가로 변신했다."라고 말했다.[**]

남북의 대립과 갈등의 가장 큰 상징은 휴전선의 철조망 아니겠습니까.[***]

---

[*] 《SBS NEWS》 2021년 10월 26일자, "로마서 DMZ 철조망 녹여 만든 '평화의 십자가'"
[**] 《이데일리》 2021년 10월 30일자, "文, '철조망 평화가 되다' 전시회"
[***] 《한겨레》 2021년 11월 1일자, "로마 성당에 'DMZ 철조망'"

기사를 검색할수록 감동은 물음표로 바뀌었고 의문은 꼬리에 꼬리를 물었다. "군사분계선과 비무장지대 철조망의 일부를 철거"했다는 표현에 순간 고개를 저었다. 이는 군사분계선에 철조망이 있다는 뜻이다. 군사분계선이자 휴전선엔 철조망이 없는데 아마도 발언을 요약하는 과정에서 기자가 실수했을지 모른다고 판단했다.

또 다른 기사에는 평화의 십자가를 만든 프로젝트 기획자를 소개하고 있었다. 그는 "휴전선의 철조망"이라는 표현을 쓰고 있었다. 이것은 잘못됐다. 의문은 확신으로 돌아섰다. 왜 기자와 기획자는 평화의 십자가와 관련해 군사분계선 혹은 휴전선에 철조망이 있다고 착각했을까? 그 배경이 궁금해졌다.

이를 풀기 위해서 우선 평화의 십자가를 만들었다고 하는 DMZ 철조망이 어디에서 왔는지를 알아볼 필요가 있다. 대부분 기사는 평화의 십자가에 의미 부여를 할 뿐이었다. DMZ 철조망, 그 출처에 대해서 나처럼 궁금해하는 독자가 있으리라곤 생각하지 않는 것 같았다.

DMZ(비무장지대)에서 임무를 다한 폐철조망을 소재◆

(휴전선) 폐철조망인데 수거하는 것을 입찰해 가지고 제가 샀어요. 그 철조망을 갖다 [...] 십자가로 다시 부활을 시킨 거죠.◆◆

◆《이데일리》 2021년 10월 29일자, "한반도 평화 환기"
◆◆《한겨레》 2021년 11월 1일자, "로마 성당에 'DMZ 철조망'"

위의 내용에서 의문은 해소되지 않았다. 도대체 로마에 간 평화의 십자가는 DMZ 어디에 있던 철조망으로 만든 것일까? 다만 평화의 십자가는 "DMZ에서 임무를 다한 폐철조망"이라는 단서를 얻었다. 그런데 누군가는 DMZ 철조망을 수거하고 입찰을 통해 살 수 있었다는 사실이 이해되지 않았다.

DMZ 철조망에 주목했다. 그러니까 휴전선에서 남쪽으로 약 2킬로미터 떨어져 동서로 뻗은 남방한계선 철조망을 철거했다고 추론해봤다. 백번 양보하기로 했다. 그래, 남방한계선 철조망도 DMZ 철조망이다.

이렇게 평화의 십자가 기획은 의미 있는 작업이라고 마무리하고자 했다. 단지 철조망을 교체가 아니고 철거하는 작업은 남북 관계에서 상징적인 장면이다. 그런 모습을 현장과 TV에서 보지 못한 나만의 아쉬움을 지울 수가 없었다. 로마에 가기 전에 이를 누구나 알 수 있도록 하지 않았을까? 왜 그랬을까?

DMZ 철조망과 해안 철조망

미련은 이어졌다. 2021년 초겨울, 로마에 간 평화의 십자가는 어느 위치에 있는 남방한계선 철조망을 철거해서 만든 것일까? 한 달이 넘도록 이 궁금증이 나를 계속 따라다녔다. 한 번씩 이와 관련된 내용을 찾아보곤 했다. 그러다가 실마리를 발견했다.

'철조망, 평화가 되다'는 우리 군이 노후화된 해안 철책선을 철거하는 과정에서 확보된 DMZ의 철조망을 녹여 136개의 십자가로 만든 작품의 전시회입니다.[*]

위 기사와 함께 지금까지 모은 자료를 맞춰봤다. 평화의 십자가는 동해안 쪽의 남방한계선 철조망으로 제작됐을 것이라고 잠정적인 결론을 내렸다. 그런데 며칠 뒤 우연히 대한민국 청와대 공식 유튜브 채널에 올라온 영상을 알게 됐고 연달아 통일부의 방송매체인 UniTV(통일방송)의 똑같은 영상[**]도 봤다. 제목은 "DMZ 철조망, 평화가 되다"이다. 초반부의 자막을 따라 읽으면서 다시 뭉클했다.

한반도엔 언제 봐도 마음을 후벼파는 풍경이 있습니다. 동서를 가로지른 철조망은 두 겹으로 꼰 철사 사이에 작은 칼날들을 품고 있습니다. 250킬로미터에 걸쳐 촘촘히 박힌 약 5,000만 개의 강철 가시가 무언의 위협을 합니다. [...] 남과 북은 이 양쪽에 두 나라로 살아갑니다. 문득 마음속에 물음표가 하나가 떠오릅니다. 이미 평화로운 이 땅에 철조망은 왜 서 있어야 하는 걸까요. DMZ 철조망을 녹여 십자가로 만든 프로젝트는 그 아픈 질문으로부터 시작했습니다.

"이 땅에 철조망은 왜 서 있어야 하는 걸까요."라는 대목에서 멈춤을

---

[*]《KTV 국민 방송》2021년 10월 26일자, "로마에서 '철조망 평화가 되다'"
[**]《통일부 UNITV》2021년 10월 30일자, "DMZ 철조망, 평화가 되다"

눌렀고 돌려봤다. 이번에도 이상했다. 도입부 영상은 남방한계선 철조망을 담고 있었다. 휴전선 주변이 아니었다. 그런데 "남과 북은 이 양쪽에 두 나라로 살아갑니다."라고 말한다.

남방한계선 양쪽은 휴전선 남쪽과 민통선 이북 지역이다. 상식적으로 "양쪽에 두 나라로 살아갑니다."라고 할 때는 휴전선을 보여줘야 한다. 내가 아는 휴전선과 남방한계선의 위치로 본다면 앞뒤가 안 맞는 영상과 표현이었다.

다음으로 "DMZ 철조망을 녹여 십자가로 만든 프로젝트는 그 아픈 질문으로부터 시작했습니다."라는 자막이 눈에 들어오자 머릿속은 더 복잡해졌다. 그럼 DMZ 철조망은 도대체 무엇을 가리키는 것일까? 그 순간 영상 속 제목이 등장했다. DMZ가 빠진 "철조망, 평화가 되다"였다. 그 이후 DMZ라는 단어는 영상에서 등장하지 않았다.

영상의 중반부는 이산가족의 아픔, 평양 시내, 전 유엔 대사의 연설, 2018년 동계올림픽, 판문점에서 문재인 대통령이 휴전선을 넘는 장면, 평양 공연, 평화와 통일에 대한 청년들의 생각, DMZ 내에서 남북의 군인이 만나는 모습 등을 담았다. 문재인 정부 약 4년의 남북 관계를 함축한 기록이었다.

후반부는 "평화는 지금 여기 이미 가까이 와 있는데 우리는 어디서 평화를 찾고 있었나요. 어디까지 갔었나요. 무엇으로 평화를 만들려고 했나요. 철조망을 십자가로 만드는 프로젝트, 그 뒤에는 평화를 향한 깊은 고민과 간절한 바람이 있었습니다."라는 말과 함께 프로젝트 과정을 설명해줬다.

2019년 강원도 고성 해변에서는 철조망 중간 문을 통해 해변으로 갈 수 있었다. 2020년 속초 해변에는 노후화된 철조망 일부가 남아서 여행객을 맞이하고 있다. 이들 철조망과 2021년에 제작된 평화의 십자가는 고향이 같다. DMZ가 아니고 강원도 동해안이다(2019년, 2020년).

     1부 | 한국 사회에 투영된 분단 그림

화면에는 이어서 동해안이 등장했다. 정확히 옮기면 카메라 렌즈는 북쪽이 아닌 동쪽을 향하고 있었다. 이와 함께 철조망이 어디서 철거됐는지 말해주고 있었다. 그동안 나를 힘들게 했던 하나의 물음표는 영상의 끝부분에서 허무하게 해결됐다. 평화의 십자가를 만든 철조망 고향을 자세하게 설명하고 있었다. 이를 그대로 옮겼다.

아름다운 바닷가를 국민 품에 돌려주는 동해안 군 경계 철책 철거 사업으로부터 노후된 철조망을 확보하였습니다.

다시 "DMZ 철조망, 평화가 되다"라는 제목을 달고 있는 영상 내용을 정리해봤다. 초반부에는 휴전선과 관련된 설명을 하면서 남방한계선 주변 장면을 보여준다. DMZ 철조망의 의미를 부여한다. 후반부에는 다르게 다룬다. 평화의 십자가를 만든 철조망 출처인 동해안이 등장한다. "군 경계 철책 철거 사업으로부터 노후된 철조망을 확보"했다고 말한다.

유튜브로 검색될 때와 영상 속에서의 제목이 다르다. 하나는 "DMZ 철조망"이다. 다른 하나는 그냥 "철조망"이다. 이처럼 영상 앞뒤의 내용과 장면 그리고 제목이 엇갈림에 고개를 젓다가 위의 문구인 "군 경계 철책(철조망)"을 검색창에 넣었다.

올해(2021년) 철거되는 군 경계 철책은 고성과 강릉 등 강원도 동해안 5개 시군에서 37개 구간 38킬로미터에 이릅니다. 2006년부터 지난해까지 472억 원을 들여 강원도 동해안에서 철거한 철책은 92킬로미터. 올해 사업까지 마무리되면 모두 130킬로미터 철책이 사라집니다.[*]

정부가 올린 영상의 후반부와 위의 기사를 연결해봤다. 로마에 간 평화의 십자가는 DMZ 철조망이 아니고 동해안 군 경계 철책(철조망)으로 만들었음을 알 수 있다. 십자가를 만든 철조망 고향은 또 있었다. 로마에서 전시회를 한 지 50일이 지난 후에 보도된 내용이다.

김포와 강원 고성의 철책으로 십자가 제작을 주관했다.[**]

기사는 다음 내용을 덧붙였다. "UN 가입국들에 전해질 예정"이다. 이 대목에서 읽기를 멈췄다. 이들 나라에 보낼 때 뭐라고 설명할까? 평화의 십자가에 대한 감동이 물음표로 바뀌어 철조망 고향을 찾아보기 시작했다가 난감해졌다.

평화의 십자가와 관련된 일련의 과정과 표현을 어떻게 정리해야 될지 감이 오지 않았다. 고민에 빠진 내게 어떤 이는 "그냥 상징적인 표현으로 이해하면 되지 않나!"고 말했다. 연구자로서 국가가 후원한 작품과 그 의도에 지나친 딴지를 걸고 있는 것일까?

---

[*] 《YTN》 2021년 6월 14일자, "최북단 해변 40년 만에 활짝"
[**] 《경인일보》 2021년 12월 15일자, "끊어낸 철책선, 평화의 십자가로 부활"

휴전선 말뚝으로 만든 평화의 십자가를 소망하며

계속되는 딴지는 이렇다. 한국 사회는 휴전선에 철조망이 있다는 기획자의 잘못된 표현이 그대로 반복해서 기사화돼도 문제를 제기하지 않는다. 휴전선엔 철조망이 없다고 바로잡지 않는다. 로마에 간 평화의 십자가는 DMZ 철조망으로 만들었다고 틀리게 표현해도 아무렇지도 않은 한국 사회가 나는 이해가 되지 않는다.

한국 사회의 상황을 살펴봤다. 평화의 십자가가 경기도 김포와 강원도 고성의 철조망으로 만들어졌다는 내용은 나중에 기사화됐다. 청와대와 통일부가 올린 영상에서는 분명 성격과 탄생 배경이 다른 동해안 군 경계 철조망으로 제작했음을 보여줬다. 이를 감추지 않았다.

그러나 로마에 간 평화의 십자가를 휴전선 철조망 혹은 DMZ 철조망으로 만들었다는 오보가 여전히 검색되고 읽히는 한국 사회다. 개인의 작품도 아니고 정부와 기업이 기획 제작한 작품인데 말이다.

후대까지 생각하지 않더라도 현재를 살아가고 있는 사람들은 전자와 후자 중에 무엇을 어떻게 기억하게 될까? 질문은 계속된다. 2006년에 시작한 동해안 군 경계 철조망의 철거는 진행 중이다. 2022년 5월, 내가 본 양양과 속초 등의 해변 곳곳에 철조망이 그 자리에 그대로다. 16년 남짓한 세월이 지나고 있다.

그만큼 한국 사회에 뿌리를 내리고 있는 다양한 성격의 철조망은 쉽게 철거될 수 없는 대상이다. 2021년 전후, 몇 년째 평화를 그리고 있는 한국 사회의 엄연한 현실이다. 동해안 군 경계 철조망으로 만든 평화의 십자가도 의미는 있다.

그 철조망도 분단의 산물이다. 그러나 왜 과대 포장을 한 것일까? 이는 한국 사회의 어떤 민낯을 보여주는 것일까? 이렇게 생각하는 사람은 나만일까? 휴전선엔 철조망이 없으나 한국 사회엔 철조망이 많다.

남방한계선 철조망 일부를 교체해 평화의 십자가를 만들었다면 더 의미가 있지 않았을까? 아니면 임진각 앞에 있는 민통선 철조망을 철거해 만들 수 있지 않았을까? 이들 철조망을 교체 혹은 철거하는 일은 엄두도 내지 못한 것일까? 이는 분단이 만들어온 어떤 사고와 인식의 지형도를 보여주는 것일까?

앞에서 언급한 영상에는 "(평화의 십자가를 만드는 일은) 우리 마음속의 철조망을 걷어내는 시간이었습니다."라는 표현이 있다. 그렇다. 하지만 나에게 평화의 십자가는 한국 사회에 알게 모르게 자리 잡아버린 편견, 상상 속의 휴전선 철조망을 걷어내는 시간이 우선임을 말해주고 있다.

전문가들은 고정관념과 편견으로 굳어버린 분단 사고를 지우는 일이 쉽지 않다고 말한다. 한국 사회가 평화로 걸어갈 길이 녹록하지는 않아 보인다. 현실에 존재하지 않는 휴전선 철조망을 사람들의 뇌리에서 걷어내는 일이 얼마나 힘든 일인가!

한국 사회에는 어떤 시간과 작업이 필요할까? 기획 의도에서 상정한 "마음속의 철조망"이 아닌 현실의 철조망도 걷어내는 노력을 해야 하지 않을까? 동해안 군 경계 철조망으로 만든 평화의 십자가가 첫걸음을 내디뎠다.

다음으로 민통선 철조망, 그다음으로 남방한계선 철조망의 일부분이라도 철거해 평화의 십자가를 만드는 일을 도모해야 하지 않을까? 그때는 기획 단계부터 많은 사람이 동참하는 기회와 무대를 만들면 좋겠다. 평화의 길은 함께 걷는 것이 아닐까? 나는 구체적으로 상상한다.

2021년, 한국 사회는 "한국전쟁 이후 68년 동안 남북이 겪은 분단의 고통이 하나로 합쳐져(68+68) 평화를 이룩한다는 의미로 평화의 십자가를 136개 전시했다."[*] 앞으로 민통선과 남방한계선 철조망으로 만든 평화의 십자가가 더해져 함께한다면 평화는 한 걸음 더 가까이 와 있지 않을까? 작은 소망을 키워본다. 최종적으로 휴전선 1,292개 말뚝으로 평화의 십자가를 만들 날을 꿈꾼다.

----

[*] 《서울신문》 2021년 10월 30일자, "독도까지 담아낸 '평화의 십자가'"

2020년대 초반,
강변북로를 지나
자유로를 달리다

매번 새롭게 다가온 자유로

나는 서울 한강 이남에서만 살고 있다. 자유로는 일 년에 한두 번 이용했던 것 같다. 기억을 끄집어내면 아마도 2010년쯤 자유로 끝자락의 임진각에 가족 여행을 다녀왔다. 연구자들과 단체로 오두산 통일전망대 또는 판문점에 갈 때도 몇 번 자유로를 탔다.

그랬던 내가 2020년 봄부터 2022년 현재까지 파주의 DMZ와 민통선 이북 그리고 연천의 민통선 안과 밖 지역을 들여다보는 공동 프로젝트에 연속적으로 참여하고 있다. 이를 계기로 한 달에 한두 번꼴로 강변북로를 지나 자유로를 타고 있다.

처음 몇 번은 자유로에서 어디까지 한강이고 어디부터 임진강인지 구분하지 못했다. 차로 달리는 횟수가 쌓이다 보니 무심코 지나갔던 자유로가 나에게 말을 걸어왔다. 창 너머 풍경이 때로는 2000년부터

1994년에 완공된 자유로는 가양대교에서 시작하고 임진각과 통일대교 언저리에서 끝난다. 오두산 통일전망대를 기준으로 자유로 한강과 자유로 임진강을 바라보면서 달릴 수 있다. 나는 이 도로에서 통일, 평화, 분단과 관련된 풍경도 봤다(2022년).

압록강 길에서 마주친 상황과 막연하게 닮아 보였다.

때로는 2020년부터 임진강 너머 DMZ 주변에서 품게 된 문제의식을 미리 보여준다는 생각이 들기 시작했다. 그뿐이었다. 어렴풋이 압록강과 같은 듯 다른 듯한 자유로 한강과 임진강의 풍경을 이해하기에는 그 길과 주변에 대해서 아는 것이 별로 없었다.

처음에는 인터넷 백과사전에 의지했다. 1990년에 통일동산이 만들어진 이후 1990년대 후반부터 모양을 갖추기 시작한 헤이리 예술마을이 있다. 1990년부터 부동산 안정뿐만 아니라 남북통일의 전진기지 목적으로 계획됐다고 알려진 일산신도시가 보인다. 1992년 완공한 오두산 통일전망대가 있다.

이들이 남북 간의 교류를 촉진하고자 1990년 착공해 1994년 완공했다는 자유로 주변의 기본 풍경을 채우고 있었다. 이렇게 알아가다 보니 반복되는 단어가 있다. 이 지역에 통일과 관련되거나 이를 지명으로 활용한 경우가 유독 눈에 들어온다. 1990년대 초반은 노태우 정부 시기다. 자유로 주변은 1989년 베를린 장벽이 무너진 직후였던 1990년대 한국 사회 앞에 펼쳐졌던 장면들을 모아놓은 것 같았다.

자유로가 보여줬던 풍경들이 구체적으로 들어왔다. 그중의 하나는 압록강에선 보기 드문 철조망이다. 하지만 자유로 그곳에 철조망이 있다는 사실을 당연하게 생각했다. 운전하면서 무심하게 바라봤던 철조망 혹은 철책 너머 분단과 관련된 삶과 풍경들이 어느 순간부터 새삼 다르게 느껴졌다.

똑같아 보였던 철조망은 자유로의 위치에 따라 형태와 명칭이 달랐다. 처음에는 한 줄로 보였는데 나중에 보면 철조망이 이중 혹은 삼중으로 설치된 지역도 있었다. 압록강의 철조망은 2006년 전후에 생기기 시작했는데 저 철조망은 언제부터 한강과 임진강에 있었는지 궁금해졌다.

강변에 습지만이 있다고 여겼는데 압록강처럼 철조망 너머에서 농사를 짓고 있는 한국사람이 있다는 사실이 신기했다. 그 배경을 알고 싶어졌다. 이렇게 자유로 철조망은 나에게 연구 화두를 던져주곤 했다. 하지만 이 지역에 대한 상상의 날개를 옭아매고 기록 남기기를 방해하는 존재였다.

사진 작업을 하려다 포기하곤 했다. 특히 자유로 왼쪽, 한강과 임진강 풍경 전부를 마음 놓고 사진으로 남기기가 어려웠다. 철조망 안과 밖의 삶을 자연스럽게 알아가기 전에 "군사작전 지역으로 무단 사진 촬영 및 접근을 금함"이라는 경고 안내판이 곳곳에 있다는 것을 먼저 알게 됐기 때문이다.

국경 지역인 두만강과 압록강을 다닐 때 카메라는 늘 옆에 있었다. 파악한 사실과 사례를 기록으로 남기기 위해서다. 그런 나로서는 한국 연구가 더 힘들다는 생각이 들었다. 이를 무시하는 호기보다는 한국 사회에 살면서 체득한 자기 검열이 먼저 작동했다.

그래도 자유로의 현주소를 기록할 방법을 찾았다. 인터뷰할 때만 간혹 쓰던 녹음기에다 자유로를 달리면서 나의 목소리만을 처음으로 남겼다. 녹음 파일에는 약 2년 동안 조금씩 익숙해진 그 길을 달리면서 품었던 생각거리가 담겼다. 그 녹취록에 틈틈이 공부한 문헌 내용을 덧붙여서 다음의 글을 채워나갔다.

자유로 한강: 철조망과 평화

남북 관계의 봄을 강조하고 있는 문재인 정부가 출범한 지 4년이 넘은 2021년 11월 늦가을이다. 잠수교를 건너 강변북로에 접어들었다.

전 구간이 개통된 지 27년이 지난 자유로를 타고 1차 목적지인 임진강 통일대교까지 약 70킬로미터를 달린다. 그 다리 너머 남방한계선까지는 한국 땅인데 내비게이션은 안내하지 않는다.

난지도 노을 공원을 지나 가양대교 북단 언저리에서 도로명은 강변북로에서 자유로로 바뀐다. 이 지점을 두고 어느 백과사전에서 2017년 전국 기준으로 교통량이 가장 많은 도로라고 설명한 글귀가 기억난다. 하여튼 이 길은 서울을 벗어나 통일대교 너머 DMZ 한복판에 있는 판문점으로 향한다.

자유로를 내달리자마자 저 멀리 보이는 행주산성보다 먼저 "나의 영웅, 나의 육군" 문구가 눈에 들어온다. 이런 홍보 광고판이 설치된 콘크리트는 단순 구조물이 아니다. 1970년대부터 "적군의 서울 시내 진입을 집중적으로 저지할 목적으로 만들어진 대전차 방호벽"* 가운데 하나다.

2010년부터 경기도 각 지역에서 이와 비슷한 구조물이 하나둘씩 철거되는 상황이라고 한다. 하지만 약 4년 동안 평화를 그려온 문재인 정부의 2021년에도 대전차 방호벽, 그 밑을 여전히 지나고 있다는 사실이 나는 어색하다.

저 거대한 콘크리트 장애물은 언제쯤 역사의 뒤안길로 사라질까? 여전히 그 자리를 지키는 이유는 무엇일까? 개당 약 15억 원인 철거 비용의 문제일까? 남북 평화로 가는 과정에서 우선 과제는 무엇일까?

---

* 《이데일리》 2019년 5월 10일자, "경기 북부 발전 가로막는 대전차 방호벽"

이런저런 생각을 하는 사이에 왼쪽으로 행주산성이 스쳐 지나간다.

다음으로 도로 표면에 새겨져 있는 "통일동산" 글자가 눈에 들어온다. 군부대 경비초소들이 나타나고 "통일로 향하는 길목, 자유로"임을 알리는 비석이 중앙분리대 한복판에 서 있다. 방금 방호벽을 통과한 여운 때문인지 도로와 비석에 새겨진 통일이라는 단어가 의미하는 바를 생각해봤다.

여전히 평화가 아닌 통일을 말하던 1990년대 어디쯤을 달리는 기분이다. 김포대교쯤에서 시속 80킬로미터로 스쳐 지나가는 차창 너머 왼쪽으로 철조망 윗부분만이 보이기 시작한다. 얼핏 보기에 삼엄한 철조망은 아닌 것 같다. 곳곳에 넝쿨이 자라고 있어서 그런지 울타리 이미지로 느껴진다.

도로 지형 때문에 보이지 않으나 저 철조망을 따라 2010년에 조성된 평화누리길 4코스가 지나가고 있을 것이다. 아직 그 길을 자전거로 달려보지 못했다. 대신 경기도 평화누리길 홈페이지와 블로그 후기들을 읽어본 적이 있다.

그 길은 철조망을 따라 이어지지 않는다고 한다. 장항습지 언저리에서 닫혀 있는 통문이 가로막고 있다고 한다. 때문에 오른쪽으로 방향을 틀어서 자유로 밑 지하통로를 지나 일산 호수공원으로 빠지는 길로 조성됐다고 한다. 평화의 이름을 단 산책로이자 자전거 도로는 철조망과 한강과 멀어진다.

한편 내가 읽었던 자료들이 뒤섞이면서 혼란스럽다. 아직 일산대교까지 가려면 5킬로미터 넘게 남았다. 이 지점에서는 철조망이 보이지 않아야 한다. 이미 역사의 뒤안길에 있어야 한다. 2006년부터 한강 하류 철조망 제거사업이 추진됐다.

2013년 3월 말까지 "행주대교와 일산대교 사이 12.9킬로미터 철책(철조망)이 모두 제거된다."*라는 내용을 읽은 적이 있다. 다시 검색해보니 2019년에도 비슷한 기사**가 있다. 여전히 철책은 철거 예정이며 그해 완료한다는 내용을 보도했다. 하지만 모든 철조망이 제거되는 것은 아니었다.

또 3년이 지난 2021년 현재, 그 철조망이 한 줄은 제거되고 한 줄은 여전히 그곳에 있다. 기사 내용과 현장 상황이 일치하지 않는다. 그렇지만 더디어도 10년이 넘게 흐르면서 풍경이 바뀌었다.

간격을 두고 설치한 이중 철조망에서 하나는 사라지고 하나는 윗부분의 Y자 모양을 제거한 형태로 남아 있다. 분단 직후가 아닌 1970년부터 담당했던 자신의 역할이 끝나고 있음을 보여주고 있었다. 넝쿨과 공생하고 있는 한강 철조망에서 평화가 그려지고 있다. 이 느낌은 오래가지 않았다.

고개가 갸우뚱해진다. 여기에서 통일대교까지는 약 40킬로미터 거리다. DMZ는 통일대교 너머에 있다. 한강 하류 어디에도 DMZ가 존재하지 않는다. 그런데 2021년 11월, 한강에 DMZ 평화의 길이 만들어졌다.

---

* 《연합뉴스》 2012년 4월 19일자, "한강하구 고양지역 軍 철책"
** 《경향신문》 2019년 3월 10일자, "한강하구 고양 구간 철책 제거"

자유로 한강의 군대 초소는 그 본연의 역할을 끝내고 이제 자전거를 기다리고 있다. 이런 공간이 자유로 전체의 풍경이 되는 날은 언제쯤 가능할까?(2022년)

1970년대부터 설치된 자유로(고양) 한강의 철조망 일부분은 철거되었다. 남아 있는 철조망도 경비와 경계보다는 울타리 성격이 강하다. 이 모습에서 나는 평화라는 단어가 자연스럽게 떠올랐다(2022년).

"비무장지대(DMZ)에서 시민들이 환경·평화·역사의 의미를 생생하게 체험할 수 있도록 고양시 구간의 통제"*를 한시적으로 개방한다는 뉴스를 읽었다. 앞뒤가 안 맞는 상황이 2021년에 벌어지고 있었다. 이와 비슷하게 2020년 전후 한국 사회가 DMZ가 아닌 지역을 DMZ라고 말하면서 살아오는 모습들이 계속 보인다.

평화의 목소리가 분단의 상징인 DMZ 범위를 줄이지 않고 오히려 확장하는 방식으로 진행되고 있는 모양새다. DMZ에서 평화체험을 한다고 말한다. 하지만 DMZ가 아닌 지역, 한강 하류 주변에서 분단의 색깔을 덧칠하고 있었다. 내겐 그렇게 보였다.

한강 철조망 너머에 김포 아파트 숲이 나타난다. 자유로 위를 바라보면 통일이라는 단어가 아닌 "평화의 시작, 미래의 중심 고양" 문구가 있다. 자유로는 부동산의 상징과 남북 평화의 소망이 공존하고 있었다.

장항IC쯤에서 철조망의 모양이 달라진다. 윗부분은 V자 뼈대에 쇠고리 원형이 올려져 있다. 이 철조망의 모양 변화와 제거 날짜를 알려주는 자료를 찾지 못했다. "1970년에 설치"**됐던 철조망은 2021년 현재 자유로를 따라 목적과 기능을 달리하고 있다.

1970년 전후, 철조망으로 구분되는 한강 하류 풍경과 삶의 변화를 비롯해 1990년, 자유로 공사 이전의 한강 철조망 위치에 대한 궁금증

• 《연합뉴스》 2021년 11월 11일자, "'DMZ 평화의 길' 고양시 철책선"
•• 정근식, 2018, 「냉전·분단 경관과 평화로」, 『황해문화 가을호 100』, 새얼문화재단, 169쪽.

은 다른 문제의식으로 이어졌다. 한강 철조망은 나에게 한강과 임진강 주변, 민통선과 남방한계선 철조망의 역사를 아울러야 함을 알려줬다.

여전히 김포와 일산의 아파트가 자유로와 철조망을 사이에 두고 끝없이 펼쳐진다. 장월IC가 약 1.3킬로미터 남은 지점에서 처음으로 77번 국도 표시와 함께 평양, 개성, 남북출입사무소 그리고 임진각, 파주(문산)로 향하고 있음을 알려주는 교통표지판이 시야에 들어온다.

2007년의 제2차 남북정상회담을 계기●로 자유로에 세워졌다고 한다. 이 이미지는 남북 교류와 관련된 전시회 등에서 자주 봤는데도 볼때마다 설렌다. 동시에 이 교통표지판이 그 자리를 지키고 있었던 약 15년 동안을 뒤돌아보게 된다. 이 길을 따라 사람들이 평양으로 얼마나 갔는지를 생각하면 마음이 가라앉는다.

김영삼 정부 시절인 1990년대 중반, 주변을 통해 종종 들었던 "서울에서 평양까지 택시요금 2만 원~" 노래 가사가 기억난다. 그래 이 자유로를 따라가면 개성과 평양에 도착할 수 있다. 하지만 2021년 현재, 그 길은 현재형이 아니고 여전히 미래형이다.

이런 나의 마음과 달리 이중으로 설치된 철조망이 눈에 자주 보이기 시작한다. 흘러가버린 약 15년이 아쉽고 문재인 정부의 약 4년이 야속하다. 그 세월 동안 휴전선을 넘나드는 북한 방문의 규모는 늘지 않고 줄어들었다.

● 유영호, 2008, 『민통선-DMZ 통일맞이 나들이』, 선인, 75쪽.

한강 하류로 내려갈수록 자유로 철조망은 약 50년 넘게 이중 철조망 형태로 그 자리를 지키고 있다. 이는 남방한계선과 민통선 철조망이 아니다. 이 지역은 DMZ가 아니다(2022년).

"평양"과 "개성"으로 자유로, 77번 국도가 향하고 있음을 알려주는 교통표지판이다. 2007년 제2차 남북정상회담을 계기로 설치되었다고 한다. 그 세월은 쌓이고만 있다(2021년).

길과 주변 지형의 높낮이가 비슷해지면서 철조망의 키가 더 높아진 것처럼 느껴진다. 자유로가 평양 가는 길임을 알리는 교통표지판이 또 보인다. 파주 출판 도시 휴게소까지 아직 2킬로미터 남짓 남았다. 이 지역이 한강 유역임을 알리는 간판이 작게 보인다.

철조망이 점점 견고한 모양새로 바뀌는 가운데 "통일경제도시 한반도 평화 수도 파주"라는 문구가 문발IC 주변 풍경을 채우고 있다. 통일이라는 단어를 활용하던 1990년대에서 평화라는 단어가 강조되는 2020년대로 자유로 풍경은 변해왔다.

표지판의 글자가 바뀐 것처럼 한국 사회가 그렇게 살아왔을까? 길게는 약 30년, 짧게는 약 4년 동안 남북 관계에 따라 한국 사회가 어떻게 살아왔는지, 평화를 현실에서 얼마나 실천했는지가 궁금해졌다.

한편으로 자유로 주변 풍경을 알아가다 보면 평화로 가는 길을 가로막는 선입견과 편견들이 녹아 있는 사례들이 나타난다. 다른 한편으로 평화를 누리고 있는 삶의 방식 또한 그곳에 있었다. 평화를 꿈꾸고 현실에서 누릴 수 있는 공간을 한강과 임진강은 품고 있었다. 압록강에서 부딪쳤던 문제의식을 떠올리면 그 밑그림이 선명해지곤 했다. 이를 이 책에 어떻게 담을지 고민하기 시작했다.

자유로 임진강: 철조망과 무언의 풍경

북한을 바라볼 수 있는 지역이 가까워지고 있다. 교통표지판은 21킬로미터를 더 가면 임진강 이남에 LG디스플레이 단지가 있다고 알려준다. 산허리를 여러 겹 감싸는 철조망 위로 오두산 통일전망대가 자리 잡고 있다.

무단 촬영 시 처벌을 받는다는 경고판이 계속 보인다. 잠시 차를 세웠다. 그동안 눈에 들어오지 않았던 "판문점 23킬로미터"라고 표시된 성인 얼굴 크기만 한 교통표지판이 도로 중앙이 아닌 가장자리에 서 있는 것이 보였기 때문이다.

이제는 구분하는 눈이 생겼다. 이 전망대 위치가 한강과 임진강이 만나는 지점이다. 차는 자유로 임진강을 따라 달린다. 불현듯 떠올랐다. 전망대에서 북한 땅이 보이는 배경에 대해 진지하게 생각한 적이 없었다.

DMZ의 폭은 4킬로미터다. 그 공간은 대부분 비어 있다고 배웠다. 그런데 전망대와 북한 마을 사이는 약 2킬로미터다. 남북 사이에 4킬로미터보다 짧은 약 2킬로미터 거리가 존재하는 이유를 나는 알려고 하지 않았다.

왜 그랬을까? 전망대 북쪽으로는 남방한계선과 휴전선이 없음을 안 지가 얼마 되지 않았다. 압록강은 남쪽으로, 임진강은 북쪽으로 북한을 바라본다. 그 밖에도 자유로 임진강 일부와 압록강에 깔린 기본적인 삶의 존재 조건은 같다.

둘 다 중립 수역이다. 그런데 살아온 방식이 다르다. 압록강에는 양쪽 강변 사람들의 삶이 함께 흐른다. 자유로 임진강은 아니다. 그 차이를 알아봐야겠다.

한강과 임진강이 만나는 지점에 있는 오두산 통일전망대의 조감도다. 전망대 바로 앞의 강폭은 약 2.1킬로미터다. 약 0.4킬로미터 강폭을 표시한 언저리가 오금리 벌판이고 휴전선의 시작과 끝이 있는 위치다 (2022년).

2006년, 중국 단동에서 남북의 사람이 함께 만든 참회와속죄의성당 모자이크화다. 2022년 기준으로 약 16년 전에 있었던 남북 합작의 결과물이다. 성당은 파주 임진강에서 가깝다(2022년).

오두산 통일전망대 밑에서 자유로 오른편으로 약 2킬로미터를 가면 통일동산이다. 노태우 전 대통령이 묻히기를 희망했다고 알려진 곳이다. 1990년대 초반 이 일대는 민통선 이북에 포함된 지역*이었다. 헤이리 예술마을 근처인 성동리 사거리에 민통선을 통과하는 검문소**가 있던 시절도 있었다.

휴전선과 달리 민통선의 위치는 변경돼왔다. 여기에서 자유로 임진 강의 역사와 현재가 그려지고 미래를 꿈꿀 수 있는 실마리를 찾을 수 있다. 이 글에서 알리고 싶은 공간이 있다. 자유로 성동IC에서 잠시 빠져나오자마자 삼국(북한, 중국, 한국)의 손길이 닿은 예술 작품을 만날 수 있는 참회와속죄의성당에 도착한다.

성당 내부에는 모자이크화가 있다. 2006년 북한의 평양 작가들이 중국 단둥에서 만들었다. 이를 한국의 신부와 미술가들이 북한이 보이는 임진강 언저리의 한국 성당으로 옮겨서 완성한 남북 합작품들이다. 이를 소개하는 내용을 옮겼다.

성당 제대 압시대 유리 모자이크화는 북한 최고의 기량을 갖춘 평양 만수대 창작사 벽화창작단 소속 공훈작가 등 일곱 명이 중국 단둥에서 40일 간 밤잠을 설치며 제작한 것이며 (한국 성당) 현장에서의 부착 작업은 장 궁선 신부와 남한 미술가들이 무려 다섯 달에 걸쳐 부착하였다.***

---

* 《한겨레》 2021년 10월 27일자, "노태우 전 대통령 장지는 통일동산?"
** 《경기일보》 2021년 2월 4일자, "개성공단 재개가 남북 평화다"
*** 〈참회와속죄의성당 홈페이지〉, http://sd.uca.or.kr/chamsok/default?mnucd=20002301

성당은 1992년 한·중 수교 전후부터 중국 단둥에서 현재진행형으로 이루어지고 있는 남북 만남의 방식과 그 결과물을 품고 있다. 남북이 예술품을 함께 만들면서 산 세월이 숨 쉬고 있다. 단둥에서 참여관찰을 해온 나는 자연스레 이 역사에 스며들었고 묻어나는 남북 만남을 그릴 수 있었다.

성당을 뒤로하고 다시 길을 나서면 성동IC 주변부터는 지역의 특성이 달라진다. 자유로를 기준으로 왼쪽은 민통선 이북이고 오른쪽은 민통선 이남이다. 한강과 멀어지고 임진강이 보인다. 여기서부터 철조망 명칭이 바뀐다. 재질은 같으나 명칭이 다르다. 이전까지는 일명 한강 하류 경비 철조망(철책)이고 여기서부터는 민통선 철조망(철책)이다.

평지인 자유로를 달리면서도 왼편으로 임진강 너머의 북한 마을이 어렴풋이 보인다. 오른편으로 헤이리 예술마을이 나타난다. 오두산 통일전망대에서 품었던 의문이 이어진다. 두만강과 압록강이 흐르는 지형에 따라 중국과 북한의 마을이 가깝고 멀기도 함을, 때로는 같은 생활권임을 나는 약 20년 동안 기록해오고 있다.

그러나 DMZ의 4킬로미터보다 짧은 거리에 임진강을 사이에 두고 존재하는 북한과 한국 마을을 모르고 지냈고 그 배경을 알아보지 않았다. 평계는 있다. 두 사이를 가로막는 철조망 때문에 현장에서 파악하기 힘들었다.

인터넷 지도의 거리재기 기능을 사용하기 전에는 두 마을의 거리가 그만큼 가까운지를 몰랐다. 다른 변명도 있다. 한국 사회에는 임진강

자유로 임진강의 식당 옆을 지나가는 민통선 철조망이다. 이 철조망 너머 시야에 들어오는 풍경은 북한이 아니고 한국이다(2022년).

오두산 통일전망대에서는 북한 지역뿐만 아니라 민통선 철조망 너머 한국의 오금리 벌판과 임진강 하류 중립 수역을 한눈에 담을 수 있다(2022년).

1부 | 한국 사회에 투영된 분단 그림

너머의 북한 마을을 부르는 명칭이 있다. 선전 마을이다. 그 단어가 불편했기에 더 알려고 하지 않은 실수를 해왔다.

그렇게 외면할 일이 아니었다. 그동안 사람들과 함께 북한 마을을 보기 위해서 오두산 통일전망대에 갔으나 딴짓만 하다가 돌아오곤 했다. 이제야 그 공간에서 무엇을 봐야 하는지 알아가고 있다.

성동IC를 지나면 임진강은 도로에서 멀어진다. 자유로 옆 철조망 너머의 농부는 북한사람이 아니다. 한국사람(주로 파주 탄현면 여섯 개 마을 거주)이 농사짓는 풍경이 본격적으로 펼쳐진다. 그러니까 철조망 너머에 막 벼 추수를 마친 장면을 한눈에 담을 수 없을 정도의 벌판이 있다. 나중에 어림 계산해봤다. 여의도 두 배 면적인 약 150만 평이다.

임진강 위로 새들이 북쪽으로 날아가고 있다. 벌판과 임진강 사이에 또 하나의 철조망이 멀리 보인다. 드넓은 벌판이 철조망으로 포위돼 있다. 여기는 임진강 이남이면서 민통선 이북 지역에 해당한다.

그 안에서 한국사람이 농사를 짓고 있다. 벌판으로 가는 통로가 있기에 가능할 것이다. 그 길 어딘가에 군인이 검문하는 공간이 있고 주민들은 그곳을 "토끼굴"[*]이라고 부른다는 기사를 읽은 적이 있다. 자유로는 철조망 너머 벌판 논두렁으로 가는 길목을 알려주지 않는다.

하지만 압록강에서 보았던 철조망 너머의 논밭 풍경이 한국에 있다는 사실이 반가웠다. 이곳에만 있는 것이 아니다. 자유로가 끝나도 임진강에 기대어 농사짓는 삶이 이어지고 있음을 나는 기록하고 있다.

---

* 《파주바른신문》 2019년 5월 23일자, "'토끼굴' 출입 검문 끝내려나"

두 강이 다르다고 성급하게 판단했는데 압록강과 자유로 임진강이 닮은 구석도 있다. 물론 그곳에 있는 철조망의 성격은 다르다.

자유로를 가운데 놓고 왼편에는 철조망 너머 농사짓는 벌판과 (군사시설) 촬영금지 경고판, 오른편에는 카페와 식당 그리고 평화누리 자전거길이 공존한다. 안개가 끼지 않은 날에는 북한 개성의 송악산이 보인다.

2020년에는 나무에 가려 잘 보이지 않았지만 "통일로 가는 경기도"라는 문구와 함께 "개성 20킬로미터, 평양 160킬로미터"라는 옥외 대형 안내판이 이 지역이 북한 땅과 가까운 곳임을 직감케 했다. 2021년 어느 날, 이 안내판은 철거됐다.

파주 내포리로 접어들면서 철조망 너머 논들이 잠시 사라지고 오른편으로 음식점, 아파트 그리고 전원주택 단지들이 들어서 있다. 문산대교를 넘자마자 임진강을 가로질러 북쪽으로 향하는 전선이 시야에 들어온다. 2020년까지 나는 개성공단으로 향하는 송전탑이 들려주는 이야기에 귀 기울이지 않았다.

이제는 전선을 바라보면서 지나온 자유로 임진강 너머의 산하를 복기하곤 한다. 그곳에서 그동안 구분하지 못했던 세 풍경이 이제는 보인다. 당동IC에서 통일대교까지는 약 5킬로미터 남았다. 자유로는 편도 2차로로 줄어든다. 임진각 주변이 나타나면 자유로 끝자락이다.

자유로이자 77번 국도인 이 길은 여기에서 1번 국도와 만난다. 판문점과 남북출입사무소를 향하는 길을 안내하는 교통표지판이 있다. "전방 1.5킬로미터부터 민통선 지역임(미승인차량 회차)"이라는 글씨와

임진각 주변의 자유로에는 송전탑이 임진강을 가로지르고 있다. 이곳 너머는 한국의 민북 지역인 장단 반도다. 이 전선은 휴전선을 따라 북으로 향하다가 도라산역 주변에서 휴전선을 가로질러 개성공단으로 이어진다. 송전탑은 강 건너가 북한 지역이 아님을, 북한과 한국을 연결하고 있음을 함께 말하고 있다 (2021년).

서울에서 자유로를 달리면 마지막으로 "판문점"으로 향하는 1번 국도를 만나게 된다. 교통표지판은 전방에 민통선 지역이기 때문에 "미승인" 차량은 회차해야 함을 알려주고 있다. 나는 이 의미와 범위를 이해하는 데 많은 정보가 필요했다(2021년).

직진 표시의 그림 위로 빨간색의 "×"가 그려져 있다.

처음에는 이렇게 복잡하게 안내하는 교통표지판이 있나 했다. 정확하게 이해하지도 못했다. 나중에 위 내용 가운데 일부를 잘못 해석했음을 알았다. 길이 막혀 있음을 표시한 "×"가 한국 사회 구성원 모두에 해당하지 않음을 임진강 너머의 삶을 통해서 배워가고 있다. 승인이라는 단서가 붙긴 하지만 누구에게는 열려 있는 길이다.

자연스럽게 왼쪽으로 방향을 틀면 도라산역, 판문점, 남북출입사무소뿐만 아니라 DMZ와 남방한계선으로 가는 통로 역할을 하는 통일대교가 나온다. 민통선을 가로지르는 이 다리를 건너자마자 "개성 21킬로미터"와 "평양 208킬로미터"를 표시한 교통표지판이 있다. 고개를 한 번 젓게 한다. 개성과 평양까지의 거리를 알려주는 안내판을 보고 10킬로미터 넘게 달려왔는데 개성과 평양이 더 멀어졌다.

임진강 주변에는 개성과 평양까지의 거리를 알려주는 숫자가 안내판과 교통표지판마다 다르다. 한국 사회에 존재하는 북한에 대한 각기 다른 심리적 거리만큼 다양하게 목격된다. 위치가 달라서 다를 수 있음을 고려해도 직선인지 도로상 거리인지 불분명하다.

통일대교를 건너지 않고 오른쪽으로 차를 몰면 서울로 가는 통일로이자 1번 국도를 타게 된다. 이 길을 이용해서 약 53킬로미터를 가야 서울이다. 임진강 통일대교는 서울보다 개성에 가깝다. 한국전쟁 이전, 38선 이남이었던 개성과 이 지역은 한 생활권이었음을 책에서 읽은 적이 있다.

여기까지가 약 2년 동안 자유로를 달리면서 봤던 풍경과 품었던 문제의식 일부분이다. 이를 2021년 가을에 녹음기에 담고 그 녹취록을 보충한 내용이다. 이러한 방식의 연구 과정은 이 책을 구상하고 채워 가면서 계속했다. 다음은 그중의 하나다.

자유로를 여러 번 달리다 보니 의문점이 하나둘 생겼다. 이를 해결하는 방법과 사실을 알아가고 있다. 나에게는 자유로 임진강 너머와 휴전선에 대한 고정관념이 있었다. 이를 고치고 보니 자유로 임진강 너머, 세 풍경을 구분하는 눈이 생겼다.

자유로 임진강 너머: 북한, DMZ, 한국을 구분하기

이름 그대로 38선은 일직선이다. 휴전선은 교전이 멈춘 위치로 정했기 때문에 일직선이 아니다. 2018년 겨울, 강원도 고성 지역에 갔다가 그 지역만을 보여주는 지도에서 휴전선이 남북으로 흐르고 북한과 한국이 동서로 구분된다는 사실을 새삼 깨달았던 경험이 있다.

그렇지만 그때뿐이었다. 나에게 휴전선은 38선과 같이 거의 일직선이라는 잘못된 인식이 뇌리에 자리 잡고 있었다. 그간 바뀌지 않은 오해다. 오두산 통일전망대에서 북한 지역을 바라본 경험이 몇 번 있다.

이런 빈약한 근거를 가지고 2020년에도 한동안 자유로 임진강 너머 북쪽 전부가 북한이라고 착각하면서 차를 달렸다. 이는 압록강 북쪽에서 남쪽을 바라보면 기본적으로 북한인 상황에 익숙한 채 연구해 온 배경도 영향을 미쳤다.

하지만 자유로 주변의 지명에 익숙해지고 문헌에 나온 지명들의 위치를 파악하게 되면서 알게 된 사실이 있다. 나는 이미 자유로 임진강 너머 전부가 북한 땅이 아님을 알 수 있는 글들을 읽어왔다. 다만 책 속의 지명과 현장 위치를 연결하지 못하고 있었다. 아래 문헌에는 "탄현면 만우리의 임진강 건너편"이라는 표현이 나온다.

육지에서 남과 북의 경계를 나누는 군사분계선 가장 서쪽 지점은 파주시 탄현면 만우리의 임진강 건너편이다.[*]

지금은 내비게이션의 도움을 받지 않고 위의 지명 주변을 찾아갈 수 있다. 오두산 통일전망대 주변부터 낙하IC 주변까지의 자유로 왼편과 오른편이 탄현면이다. 그래도 지도를 펼쳐봤다. 아차 싶었다. 이번에도 나는 휴전선과 임진강 중하류는 막연하게 한반도의 동서를 지나고 있다고 착각하고 있었다.

최소한 파주 휴전선과 임진강은 그렇지 않았다. 대축척 지도로 자유로 이북을 살펴보면 휴전선과 임진강은 늘 평행선이 아니다. 요약하면 파주 휴전선은 동서 또는 남북으로 놓여 있었다. 파주 임진강은 굽이굽이 흐르고 있었다.

다음의 서술은 동서남북을 엄밀하게 적용하지 못했다. 이를 전제로 동서로 뻗어 있던 휴전선은 판문점 언저리에서 방향을 틀어 동서를

---

[*] 정근식·박종우, 2020, 『비무장지대 DMZ』, 고은문화재단, 158-162쪽.

가로지른다. 휴전선과 일정 거리를 두고 임진강은 동쪽에서 서쪽으로 흐르다가 통일대교와 임진각 관광지쯤부터는 북에서 남으로 향한다. 문산대교 언저리에서 물길 방향이 바뀐다. 이쯤에서 임진강은 동쪽에서 서쪽으로 흘러 한강하구와 만난다.

이상으로 판문점, 통일대교, 임진각 주변의 지형을 살펴봤다. 지금부터는 서울에서 출발해 자유로를 따라가겠다. 한강 하류 끝자락과 오두산 통일전망대 너머는 북한이다.

마찬가지로 헤이리 예술마을로 빠지는 성동IC를 통과해 약 2킬로미터를 지날 때까지 임진강 너머는 여전히 북한 지역이다. 그다음 펼쳐지는 임진강 너머는 오금리 벌판을 만나면서 바뀐다. 대략 이 지점부터 북한 쪽 DMZ다. 거기에서 약 2킬로미터를 더 달리면 자유로는 만우천을 가로지르게 된다.

만우천이 임진강과 만나는 지점 너머의 언저리가 군사분계선, 즉 휴전선의 시종점이다. 거기에서 동으로 또 약 2킬로미터까지는 한국 쪽 DMZ다. 그리고 남방한계선이다. 낙하IC가 가까이 다가오는 지점부터 임진각과 통일대교로 대변되는 파주 임진강 너머는 한국의 민북(민통선 이북) 지역이다. 북한 산하가 아니다. 참고로 이 책 2부에서 자세히 설명하겠지만 민간인(출입)통제선은 민통선, 민통선 이북과 이남 지역은 민북과 민남 지역으로 줄여서 부른다.

이를 간략하게 정리하면 자유로 임진강 너머는 세 개의 다른 지형인 북한, DMZ, 한국으로 구분된다. 세분해서 살펴보면 성동IC부터 낙하IC까지 약 8킬로미터 구간의 자유로 임진강 너머는 약 2킬로미터 단위로 북한 지역, 북한 쪽 DMZ, 한국 쪽 DMZ, 한국 지역으로 바뀐다.

여기에는 세 개의 선이 있다. 그 중간에 휴전선이 육지에서 멈춰 있고 임진강으로 나아가지 않는다. 그 양옆으로 약 2킬로미터쯤에 북방과 남방한계선이 있다.

자유로 휴전선의 일부분은 동서가 아니고 북에서 남으로 지나가고 있다. 이런 사실만 정확히 인지하고 있었다면 예전부터 알 수 있는 구분이었다. 이를 나는 모르고 살았다.

세 지형 가운데 하나인 한국 지역에는 한국 군부대만 있는 것은 아니다. 논밭과 농막도 있다. 한국사람이 농사를 짓는 터전이다. 세계 최대 독수리 월동지이자 독수리 먹이 주기 행사가 진행되는 장단반도다.

군사분계선과 3킬로미터 떨어진 장단반도에는 매년 11월부터 이듬해 3월까지 독수리 700~1,000마리가 몽골에서 날아와 겨울을 난다. 장단반도는 한국전쟁의 포성이 멎은 뒤 농사짓는 사람 등을 제외하고는 민간인의 출입이 금지된 군 작전지역이어서 생태계가 잘 보존돼 있다.[•]

내가 했던 오해를 다른 이들이 하지 않기 위해서는 위 내용 가운데 "군사분계선과 3킬로미터 떨어진 장단반도"에 설명을 덧붙일 필요가 있

• 《중앙일보》2019년 11월 5일자, "세계 최대 독수리 월동지"

논밭을 한적하게 감상할 수 있다고 알려진 대형 커피 전문점의 창밖 풍경이다. 여기에서 분단 그림을 보았다. 창 너머에는 두 개의 민통선 철조망이 지나가고 있다. 그 너머는 장단반도이자 한국 땅이다. 왼쪽은 남방한계선과 휴전선의 시작과 끝 주변이다. 나에게는 단순한 논밭 풍경 이상이었다(2022년).

다. 장단반도는 휴전선(군사분계선)에서 남쪽으로 위치한 곳이 아니다. 휴전선 오른편으로 3킬로미터 떨어져 있다. DMZ가 아니고 민북 지역이기 때문에 그곳에서 한국사람이 독수리 먹이 주기 행사를 할 수 있는 것이다.

2000년부터 두만강과 압록강에 갈 때마다 그 강들은 책만 보지 말고 왜 여기에 와야 하는지, 두 강의 물길에는 어떤 삶과 연결된 풍경이 있는지를 알려준다. 이제야 자유로가 다르게 다가왔고 나에게 말을 걸어준다.

그때부터 그 이야기를 듣고자 오두산 통일전망대를 지날 때면 최저

속도로 달린다. 휴전선은 육지에서 멈춘 채 움직이지 않고 그 자리에서 임진강을 만난다. 그 강은 분단의 상징인 휴전선과 DMZ를 품지 않고 작별 인사를 한 채 흐르고 있다.

강폭이 1킬로미터 내외인 임진강은 나에게 분단의 상징인 휴전선이 점점 멀어지고 있다고 말하면서 한강하구로 향한다. 재차 임진강 하류엔 휴전선이 없다고 강조한다. 사실 확인이 여기까지 이르다 보니 자유로 옆과 임진강의 민통선 철조망이 다시 눈에 들어온다.

오금리 벌판은 철조망에 가로막혀 가로지를 수가 없다. 논밭 너머 강변에도 철조망이 또 있다. 말 그대로 이중이다. 한국 사회는 휴전선의 시종점에 일상적으로는 다가갈 수 없도록 민통선 철조망을 만들었다.

그로 인해 약 1킬로미터 앞에서 휴전선의 시종점을 볼 수 있는데 가까이 가지 못한다. 한국 사회는 DMZ의 끝인 남방한계선에서 약 2킬로미터 너머의 휴전선을 바라보고자 여러 지역의 전망대를 찾는다. 오금리 벌판이 더 가깝다고 말하면 서울 중심적인 시각일까?

또 다른 현실이 있다. 2021년, 성동IC부터 낙하IC까지의 자유로 구간을 지날 때 유독 평화 누리 자전거길을 표시한 간판과 민통선 철조망만이 나의 눈에 들어온다. 자유로에는 휴전선 시종점의 위치를 알려주고 설명하는 안내판이 전혀 없다.

사람들은 분단의 상징인 휴전선이 바로 저 너머에 있음을 알지 못하고 자전거를 타는 모양새다. 분단의 상징이 저 너머에 있음을 느끼지 못할 때 평화가 느껴지는 것일까? 그 자전거길 바로 옆에 민통선

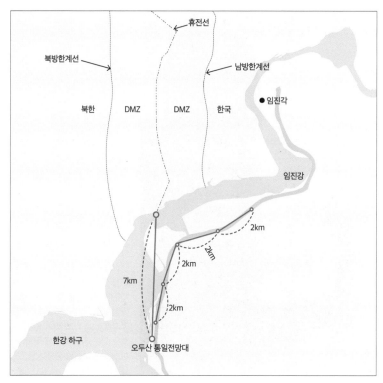

자유로 임진강 너머는 전부가 북한 지역이 아니다. 세 풍경으로 구분할 수 있다. 북한, DMZ, 한국이다. 약 2킬로미터마다 다른 지역으로 바뀌고 북방한계선, 휴전선, 남방한계선이 나타난다. 오두산 통일전망대에서 휴전선의 시작과 끝까지의 직선거리는 약 7킬로미터다(2022년).

철조망이 없는 것도 아니다. 분단 풍경을 직시할 때 평화에 대한 고민도 깊어지는 것이 아닐까?

1992년부터 한국 사회는 오두산 통일전망대에서 북한 마을을 선전의 시각으로 바라보고 있다. 막상 전망대로부터 직선거리로 약 7킬로미터에 있는 분단의 상징인 휴전선을 외롭게 두고 있다. 무엇이 중한 것일까? 한국 사회는 무엇을 놓치고 살아왔던 것일까?

연천 고구려성 입구에는 2002년 북한에서 제작한 광개토대왕비의 모형이 있다. 2000년대 남북은 이렇게 살았다. 2020년대 한국 사회는 이곳에 남북 교류의 결과물이 있다는 사실을 얼마나 알고 있을까?(2021년)

한편 자유로를 뒤로하고 동쪽으로 37번 국도를 달려도 철조망 때문에 접근이 힘든 임진강이 한동안 이어진다. 그 길을 약 20킬로미터 가다 보면 철조망이 없는 임진강변에 고구려 시대의 호루고루성이 자리하고 있다. 2021년 여름과 가을, 갈 때마다 인파로 붐볐다. 입구에서 다음의 소개 글을 만났다.

이 광개토대왕릉비는 2002년 북한에 소재한 국보급 고구려 유물 및 벽화고분을 북한에서 직접 모형으로 제작해 우리나라에 제공한 남북사회문화협력사업의 결과로 우리나라에 들어오게 되었다.

중국 지안(集安)에서 본 비석이 그곳에 있었다. 모형이지만 반가웠다. 거기다 "북에서 온 광개토대왕릉비"라는 제목을 단 안내판이 비 옆에 있었다. 시선이 멈췄다. 2002년에 "우리나라"인 한국에 왔다고 설명하고 있었다.

내 생각엔 이 안내판을 너무 볼품없게 만들어놓았다. 이곳을 찾은 사람들은 고구려성과 관광 활성화를 목적으로 조성한 해바라기를 배경으로 기념사진 촬영하기에 바빴다. 임진강 주변에서 나는 남북 교류의 결과물을 봤다. 현재(2021년)를 기준으로 약 20년 전에 이런 남북 교류가 있었다는 사실에 무심한 사람들도 봤다. 돌아오는 길에 괜히 작은 안내판만을 탓했다.

2000년대 남북 교류와 만남은 어느 날 어쩌다 이뤄지지 않았다. 이는 앞으로도 마찬가지일 것이다. 임진강 언저리에는 남북이 함께 2002년에 평화를 조각했던 광개토대왕비가 있고 2006년에 평화를 그렸던 성당 모자이크화가 있다. 평화는 추상적이고 관념적인 상상화보다는 역사와 현재를 바탕으로 그린 사실화일 때 사람들에게 더 와닿지 않을까?

2부

같은 듯 다른 듯:
압록강 & 임진강

선입견과 편견을 넘어

다양한 선과 면: 민통선, 남방한계선, 휴전선, 민북, DMZ

두만강과 압록강은 국경을 이룬다. 한국 사회는 이 지역을 북·중 혹은 조·중이라고 부르곤 한다. 나는 중국 단둥에서 연구하고 있다는 점을 고려해 중·조라는 표현을 선호한다. 그 이외에는 국경과 관련된 명칭에 대해 특별히 고민하지 않았다.

오히려 연구하면서 국경을 곧 금지와 단절의 선으로 생각해왔던 나의 선입견을 지우는 작업부터 해야 했다. 그러고 나서야 국경 지역에서 일상적으로 살아가는 그곳 사람들의 모습이 보인다. 그들은 그 강들을 다양한 방식으로 넘나든다.

반면 한국 내 국경(접경) 지역을 다니기 시작하면서 새로운 고민이 생겼다. 파주와 연천의 임진강 주변에서는 지명과는 별도로, 어떻게 보면 이곳의 삶을 규정하는 선과 면에 대한 명칭들이 다양하게 사용

다양한 선과 면

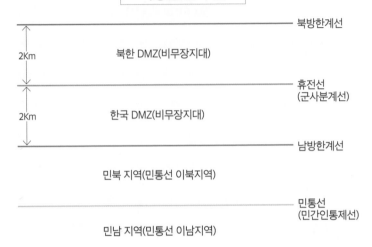

북방한계선

북한 DMZ(비무장지대)

2Km

휴전선
(군사분계선)

한국 DMZ(비무장지대)

2Km

남방한계선

민북 지역(민통선 이북지역)

민통선
(민간인통제선)

민남 지역(민통선 이남지역)

1953년 이후, 휴전선을 기준으로 북방과 남방한계선도 시기별로 약간의 변화가 있지만 약 2킬로미터라고 표시했다. 민북과 접경 지역의 범위는 시기별로 다르고 지역마다 다양하다. 이를 고려해서 거리 표시를 하지 않았다(2022년).

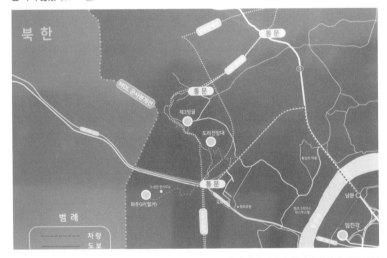

DMZ 평화의 길 조감도에는 휴전선과 남방한계선(노란선)뿐만 아니라 하나의 선(파란색)이 추가로 표시되어 있다. GOP 철책선이다(2022년).

되고 있었다. 같은 대상이 다양하게 불리고 있다.

휴전선은 군사분계선 혹은 MDL로 말한다. DMZ는 비무장지대의 영어 약칭이다. 이곳에는 선인 휴전선과 면인 DMZ만이 있는 것이 아니다. 휴전선 근처에 가기 전에 또 다른 선과 면들이 존재한다.

(임진각 관광지) 이곳은 민통선(민간인통제선) 이남, 즉 일반 지역이기 때문에 제약 없이 누구나 자유롭게 출입할 수 있습니다. 하지만 딱 여기까지입니다. 눈앞에 보이는 임진강 건너편은 민북(민통선 이북) 지역이어서 군이 발급한 통행증이 있어야 들어갈 수 있습니다.[*]

군사분계선을 기준으로 남북 2킬로미터씩, 4킬로미터 구간에 비무장지대가 조성됐다. 남쪽 경계에 남방한계선(SBL), 북쪽 경계에 북방한계선(NBL)이다. 남방한계선에서 남쪽으로 일정 거리에 또 선이 그어졌다. 바로 민통선이다. [...] (민북 지역은) 남방한계선~민통선 구간을 모두 합친 개념이다.[**]

우선 민간인(출입)통제선의 줄임말인 민통선, 민통선 이북과 이남 지역은 민북과 민남 지역으로 부른다. 민통선을 통과해서 민북 지역을 지나면 남방한계선이 있다. 그 너머로 한국 쪽 DMZ를 약 2킬로미터

---

[*] 〈한국관광공사 홈페이지〉, https://www.durunubi.kr/dmz-course-view
[**] 《연합뉴스》 2014년 3월 9일자, "〈민통선 60년〉 ② 남북대치"

지나면 그곳에 휴전선이 있다.

위에서 설명하는 바와 같이, 민간인들이 넘나들기에는 복잡한 두 개의 선인 민통선과 남방한계선 그리고 성격이 다른 두 개의 면인 민북 지역과 한국 쪽 DMZ를 지나야 휴전선에 닿을 수 있다. 여기에다 나의 머리를 복잡하게 하는 선이 또 있다.

"1983년부터 (GP) 초소들을 연결하는 철책을 설치하기 시작하여 1989년 무렵에 동서를 가로지르는 추진철책을 설치하였다."* 그러니까 휴전선 전에 하나의 선이 더 있다. 이처럼 복잡한데 이곳과 관련된 기사나 자료를 접할 때 이해가 안 되는 내용이나 표현이 있다. DMZ 일대 혹은 DMZ 일원의 의미는 이해가 됐지만, DMZ를 두 가지 의미와 범위로 사용하고 있었다.

한반도의 DMZ는 좁은 의미에서는 1953년 체결된 휴전협정에 따라 설정된 군사분계선(MD)으로부터 남과 북으로 각각 2킬로미터에 설정된 완충 지역을 말하고, 넓은 의미에서는 이 완충 지역과 함께 군사적 목적에 의해 출입과 생활의 제한을 받고 있는 인접 지역(민북)을 포함하는 것으로 혼재하며 사용하는 경우가 많다. 또한 'DMZ 일원'을 통상적으로 휴전협정에 의해 설정된 DMZ(군사분계선으로부터 2킬로미터), 군사시설보호법에 의한 민통선 지역(군사분계선으로부터 10킬로미터), 접경지역지원특별법에 의한 접경지역(민통선 지역으로부터 약 25킬로미터)을 포

• 정근식, 2018, 「냉전·분단 경관과 평화」, 『황해문화 가을 100호』, 119쪽.

함하여 일컬어지기도 한다. 그러나 실제 각 범위는 지형과 군사적 목적에 의해 결정되어 일정한 같은 폭의 범위가 아니고 민통선의 경우 실질적인 경계가 명확하지 않다.[*]

이를 정리하면, 한국 사회는 "넓은 의미에서" DMZ 범위를 민북 지역까지 포함한다는 것이다. 다시 읽어도 이 부분이 이해되지 않았다. 가령 정치 또는 복지의 좁은 의미와 넓은 의미는 이렇다고 구분해서 설명하는 예들은 봐왔다. 그렇다고 DMZ 의미를 이런 방식으로 정의하는 것이 맞을까? DMZ와 민북 지역, 두 공간은 다음과 같이 구분된다.

> DMZ는 남과 북 사이에 무장하지 않은 지대 [...] DMZ가 군사적 완충지대라면 민통선(민북) 지역은 보다 완화된 개념의 제2의 완충지대라고 할 수 있다. 또 DMZ는 출입만도 원칙적으로 유엔군사령부, 남과 북의 합의가 있어야 한다. 민통선(민북) 지역은 무엇이든 대한민국 독자적으로 할 수 있는 공간이다.[**]

기본적으로 한 곳은 비무장지대이고 다른 한 곳은 무장지대다. 그리고 DMZ와 달리 민북 지역은 "무엇이든 대한민국 독자적으로 할 수 있는 공간"이다. 이런데 민북 지역까지 포함해 DMZ라고 부르기도

---

[*] 파주시 중앙도서관, 2019, 『파주 DMZ를 바라보는 여섯 개의 시선』, 파주시 중앙도서관 디지털 기록관 개관기념 특별전.
[**] 《연합뉴스》 2014년 3월 9일자, "〈민통선 60년〉 ② 남북대치"

한다는 것이 앞뒤가 맞지 않는다.

한라산과 경상남도를 합쳐서 한라산이라고 말하는 것과 별반 다르지 않다. 그런데 현실에선 그랬다. 한국 사회에선 소위 넓은 의미의 DMZ가 관용적으로 사용되고 있었다. 경기도나 파주에서 홍보하는 "DMZ 여행"의 코스를 들여다보았다.

지자체에서 운영하는 DMZ 여행 상품으로 파주의 경우 상품명은 평화 안보 여행이고 코스는 [...] 도라산평화공원→통일촌 장단콩마을→허 준 묘[*]

여기에 일단 DMZ에 속한 지역[**]은 없으나 "DMZ 여행"이라고 부른다. 여행 앞에 DMZ 일대 혹은 DMZ 일원이라고 붙이는 것이 맞는다. 하지만 일대 혹은 일원이라는 단어는 빠져 있다. 이를 단순히 함축적으로 쓰다 보니 생략한 것이라고 넘어갈 수 있을지 모르겠다.

또는 민북 지역에서 재배하고 수확했으나 DMZ 농산물이라고 상표를 붙이곤 한다. 이는 백번 양보해 DMZ의 청정 이미지를 활용해 광고효과를 보려는 의도로 받아들일 수 있겠다. 그러나 그 이외에

---

[*] 안희자, 2019, 「DMZ와 접경지역 사람들이 꿈꾸는 미래」, 『2019 DMZ 세계유산 등재 기반 조성사업』, 경기도·경기문화재단 경기문화재연구원, 177쪽.

[**] 이러한 코스들에는 제3땅굴과 도라전망대를 포함하는 경우가 많다. 엄밀하게 보면 이 두 공간은 DMZ 내에 있다고 알려져 있다. 여행 상품 안내 지도에는 DMZ 밖인 남방한계선 이남에 있는 것으로 표시되어 있다. 즉 민북 지역으로 소개하는 예가 많다. 그 예로 통일부가 제작한 『2020 통일백서』에는 도라전망대를 "민통선 내에 위치"해 있다고 서술하고 있다. 통일부, 2020, 『2020 통일백서』, 통일부, 63쪽.

DMZ를 좁은 의미와 넓은 의미로 사용하는 사례들은 아무리 생각해도 문제가 있다.

나는 민북 지역을 포함한 넓은 의미의 DMZ 개념을 사용하면 안 된다고 생각한다. 두 지역의 성격이 구분되고 다르기 때문이다. 민북 지역을 무인 지대의 대명사인 DMZ에 포함하면 군인과 함께 사람들(민간인)의 삶도 존재하는 이 지역의 특성을 놓친다.

이뿐만이 아니다. DMZ를 지우기 벅찬 한국 사회에서 평화로 가는 여정이 더 어렵고 험난해진다. 한국 사회가 상상할 수 있는 일과 할 수 있는 일들이 넓은 의미의 DMZ 벽 앞에서 멈추고 줄어든다.

이유는 더 있다. 넓은 의미로 DMZ를 남용하면 민통선과 관련된 이런저런 편견들이 쌓이기 때문이다. 파주와 관련해 임진강을 따라 민통선이 이어지고 있다고 소개하는 글들이 있다. 하지만 임진강 이남 지역인 탄현면의 일부는 민북 지역이다.

서울에서 출발해 자유로를 달리다 보면 오두산 통일전망대를 지나면 왼쪽으로 오금리 벌판을 접하게 된다. 이곳이 바로 임진강 이남이면서 민북 지역이다. 2022년 현재, 그 지역에 민통선 철조망이 존재한다. 민통선이 단순히 임진강을 경계로 구분되지 않음을 알 수 있다.

이곳에다 넓은 의미의 DMZ를 적용하면 오금리 벌판의 민통선 철조망은 허물기 힘든 DMZ(남방한계선) 철조망으로 굳어진다. 하지만 민통선은 고정된 선이 아니다. DMZ나 휴전선과 달리 한국 사회의 의지와 노력만으로도 민북 지역의 범위를 줄이고 민통선 철조망을 없앨 수 있다.

> (민통선 조정은) 1993년부터 본격화됐다. 1차 북상 조정(10~20킬로미터)
> 은 1993년 12월에 이뤄졌다. [...] 3차 조정은 2008년이다. [...] 민통선
> 을 '군사분계선 10킬로미터 이내(DMZ 포함)'로 축소했다.[*]

> 파주와 연천의 민북 마을은 1989년 6월 1일과 2000년 6월 1일에 대부
> 분 해제되었다.[**]

이처럼 민통선은 변해왔다. DMZ 범위가 줄어들었다고 하나 민통선
이 휴전선과 점점 가까워졌기 때문에 민북 지역은 조금씩 줄어들었
다. 넓은 의미의 DMZ를 계속 쓴다면 민북 지역의 축소 역사와 이를
가능하게 한 한국 사회의 노력을 외면하는 것이다.

2022년 현재, 철조망이 남방한계선엔 끊임없이 이어져 있는 것으
로 알고 있다. 반면 민통선엔 이어져 있는 모양새는 아니다. 파주 임
진강엔 대부분 쳐져 있다. 하지만 내가 돌아다녔던 연천 백학면엔 전
지역에 있지 않고 남방한계선으로 가는 길목이나 군인 초소 주변에만
보인다. 이렇게 DMZ와 민북 지역은 같지 않은데 넓은 의미의 DMZ
라는 말로 뭉뚱그릴 순 없다.

• 《연합뉴스》 2014년 3월 9일자, "〈민통선 60년〉 ② 남북대치"
•• 이정훈, 2019, 「현재까지 DMZ를 바라보는 시각의 변화 추이」, 『2019 DMZ 세계유산 등재
   기반조성사업』, 경기도·경기문화재단 경기문화재연구원, 95쪽.

DMZ, 어디까지 가봤나?

민북 지역에 있는 통일촌, 도라산역, 평화 곤돌라 전망대 등을 방문한
사람들이 "분단의 상처를 고스란히 간직한 DMZ를 밟았다."[*]와 같이
블로그나 여행 후기에 DMZ를 다녀왔다고 표현한다. 정작 자신들이
가본 곳은 민북 지역인데 DMZ로 잘못 기억하게 된 사례들이 언제
부터 남겨지게 된 것일까? 여러 행사나 방송 프로그램 등에서도 민북
지역과 DMZ를 따로 구분하지 않는다. 이를 퍼뜨리고 고착화하는 상
황이 반복되곤 한다.

(2020년) 155마일 디엠지(DMZ) 가치와 매력을 재미있게 즐길 수 있는
로드 다큐멘터리 [...] 이들은 DMZ 155마일 평화누리길을 따라 김포
애기봉을 비롯해 파주 임진각, 캠프 그리브스, 연천 황포돛배, 통일미래
센터, 연천 호로고루성, 철원 소이산, 고성 통일전망대, 디엠지(DMZ)박
물관 등을 방문했다. 특히 파주 임진각에선 과거 미군 주둔지에서 지금
은 문화예술공간으로 재탄생한 캠프 그리브스와 최근 정식 개장한 평화
곤돌라를 체험하며 평화와 예술관광 명소로 변모한 DMZ를 보여준다.[**]

위의 내용에 나오는 지역의 위치를 지도로 확인해봤다. 파주와 연천

• 이정훈, 2019, 「현재까지 DMZ를 바라보는 시각의 변화 추이」, 『2019 DMZ 세계유산 등재
  기반조성사업』, 경기도·경기문화재단 경기문화재연구원, 75쪽.
•• 《파이낸셜 뉴스》 2020년 11월 1일자, "'여기 태그' 2일 첫 방송"

만 놓고 보았을 때 연예인들이 방문한 공간은 DMZ가 아니다. 남방한계선 근처도 아니다. 민통선 안인 민북 지역보다 대부분 밖인 민남 지역이다. 예를 들어 임진각 평화 곤돌라는 DMZ가 아니라 민통선 주변에 있다.

DMZ가 아닌 지역을 갔는데 "디엠지(DMZ) 가치와 매력을 재미있게 즐길 수 있다."라는 표현이 맞는 것일까? DMZ에 가지도 않고 심지어 성격이 다른 공간에 갔는데 "평화와 예술관광 명소로 변모한 DMZ를 보여준다."라고 말한다. 이는 지리산 정상에서 계곡의 물놀이를 체험했다는 이야기와 다를 바 없다.

그들을 찾아가 DMZ를 어디까지 가봤는지 묻고 싶어진다. DMZ 근처에도 못 가고 민통선을 넘어 민북 지역에도 가지 않았는데 자꾸만 DMZ를 경험했다고 착각하는 상황이 벌어진다. 그러다 보니, 파주와 연천의 DMZ 관련 뉴스 혹은 프로그램을 접할 때마다 습관적으로 DMZ와 민북 지역을 구분하고 있는지를 살펴보곤 한다.

그때마다 나에게 다시 묻는다. 넓은 의미의 DMZ가 과연 맞는 말일까? DMZ를 조금씩 허물거나 지우지 못하더라도 DMZ가 아닌 지역을 DMZ라고 부르는 것은 문제가 있다. 그런데 파주 임진강을 가면 갈수록 여기저기에서 그런 장면들이 목격된다.

한국 정부가 후원한 행사에서 볼 수 있다. 2021년 11월, "DMZ 115마일 걷기대회" 또는 "DMZ 달리기"는 경기도 DMZ 평화누리길(김포, 파주, 연천)이거나 파주 임진강변 생태탐방로를 따라 열렸다. 2021년 한 해의 일이 아니다. 다른 사례를 보자.

▶ 강화(신규) 강화전쟁박물관 → 강화평화전망대 → 의두분초 → (도보 구간, 1.5킬로미터) → 대룡시장 ▶ 김포(신규) 김포아트홀 → 시암리철책길 → 애기봉평화생태공원 전시관 → 전망대 ▶ 고양(신규) 고양관광정보센터 → 행주산성역사공원 → 행주나루터 → 장항습지탐조대 → 통일촌군막사 [...] 정부는 이번 (DMZ 평화의 길) 7개 테마 노선 개방이 '냉전의 마지막 빙하'로 불리는 한반도 비무장지대의 지역관광 회복 계기가 될 것으로 기대한다.*

위 코스를 꼼꼼히 다시 살펴봐도 DMZ와 상관없는 지역이다. 마지막 문장에는 "한반도 비무장지대", 즉 DMZ 단어가 포함돼 있다. 2019년부터는 정부 주도로 DMZ가 주변에 없는 공간 또는 DMZ와 나란히 가지 않는 길에도 "DMZ 평화의 길"을 만들고 있다.

이를 두고 2020년 전후 한국 사회는 좁은 의미의 DMZ가 아닌 넓은 의미의 DMZ를 걸고 달렸다고 이해해야 할까? 평화를 그리려다 무리수를 둔 것처럼 느껴진다. 한국 사회가 만들어가고 있는 편견 혹은 놓치는 사실 그리고 오류를 떠올리게 되고 마음은 답답해진다. 의문이 자꾸만 생긴다. 앞의 행사 제목과 평화의 길에 붙은 DMZ는 상징적 의미만 가질 뿐, 실제 DMZ가 아님을 사람들은 알고 있을까?

비단 여행과 방송과 정부 후원의 행사만이 아니다. 2020년을 전후로 논문과 책 그리고 학술대회 제목에는 DMZ를 붙인 경우가 많았

---

* 《헤럴드경제》 2021년 11월 14일자, "'DMZ 평화의 길' 생태여행 7개 코스"

"DMZ 155마일 걷기대회"는 DMZ 안과 밖도 아니고 민통선 밖 혹은 DMZ와 먼 위치이거나 상관없는 길에서 달리고 걷는 행사다. 단체와 모임이 기획한 "DMZ 평화기행" 일정에서도 막상 DMZ 안으로 다니기는 힘들다. 이런 행사와 답사를 다녀온 사람들은 어디까지 가봤다고 기억할까?(2021년)

2부 | 같은 듯 다른 듯

다. 막상 찾아서 읽어보면 민통선 안과 밖 지역을 주로 다루었다. 그런데 굳이 이 지역을 DMZ로 부르는 이유는 무엇일까? 폼생폼사에서 한 글자, 폼 잡는 것 말고 무슨 효과를 볼 수 있을까?

김남주의 시를 안치환이 노래한 〈38선은 38선에만 있는 것은 아니다〉에는 "고관대작들의 평화통일 축제에도 있다/있다 있다 어디에도 있다/38선은 38선에만 있는 것은 아냐"라는 대목이 있다. 반복해서 듣다 보니 다르게 들렸다.

2022년 현재, 한국 사회에는 DMZ가 DMZ에만 있는 것이 아니다. 시와 노래 앞에서 부끄러움을 느끼는 것은 나만일까? 세월이 흐르는 가운데 38선뿐만 아니라 DMZ도 여기저기에 만들고 있는 한국 사회다.

존재하지 않는 휴전선을 그려놓은 지도들

중·조 국경에 대한 한국사람의 선입견이 하나 있다. 강 중앙이 국경이라고 잘못 아는 경우다. 구글 지도를 봐도 두만강과 압록강 한복판에 국경 표시로 선이 그어져 있다. 이는 오류다.

중국과 북한은 두 강을 나누지 않고 공유한다. 국경은 곧 선이라는 고정관념과 편견으로 바라보기 때문에 이런 잘못된 인식과 지도가 고쳐지지 않는다고 생각한다. 이와는 달리 분단 상징의 대표 주자인 휴전선을 한국 사회는 약 70년 동안 주목해왔다. 그런 만큼 사람들이 휴전선에 대해 당연히 잘 알고 있다고 짐작했다.

그래서 이와 관련되어 오류가 담긴 지도가 있을 것이라고는 의심하지 않았다. 한국전쟁 정전협정문에 첨부된 지도를 살펴보자. 한강 하구와 자유로 임진강에는 휴전선(군사분계선)이 없다. 중립 수역(공동 관리 구역)이라서 강과 하구 한복판에 휴전선, 그 자체가 존재하지 않는다.

그러나 휴전선이 육지에서 끝나지 않고 자유로 임진강과 한강하구에도 그려져 있는 지도가 곳곳에 보인다. 2020년 도라전망대, 2021년 경기도 북부도청 1층 로비, 2022년 임진각 등이다. 그런 지도가 고쳐지지 않고 그대로 사람들을 맞이한다.

파주 임진강 주변을 다니면서 휴전선이 육지에서 끝나는 지도는 두 개밖에 보지 못했다. 하나는 도라산역 입구에 설치된 경의선 철도 연결(문산-개성) 노선도다. 다른 하나는 오두산 통일전망대의 조감도다.

중·조 국경과 마찬가지로 다양한 인터넷 지도에는 자유로 임진강과 한강하구의 중앙을 따라 휴전선이 잘못 그어져 있다. 휴전선에 정통한 전문가는 많을 텐데, 분단 상황에 익숙해진 탓에 이런 오류가 눈에 보이지 않는 것일까?

이런 지도는 분명 개인이 만들지 않았다. 한국 사회에는 국가(지방자치단체)나 기업이 제작한 지도를 의심 없이 소비하고 재생산하는 모습이 보인다. 이유와 원인을 추론해봤다. 한국 사회는 중립 수역의 존재와 그 성격을 잊거나 모르고 지냈다고 한다.

정전협정문 사본을 보면 빨간색으로 DMZ 범위를 표시했고 휴전선이 육지에서 멈추어 있음을 알 수 있다(2022년).

"경의선 철도 연결 노선도"에는 휴전선의 시작과 끝이 표시되어 있고 사진 왼쪽에 보이는 임진강에는 휴전선을 그려놓지 않았다. 이렇게 휴전선 위치가 정확하게 표시된 지도를 만나기가 힘들다(2020년).

선입견과 편견을 넘어

휴전 이후에도 남북 간 긴장 상태가 계속되면서 한강하구의 선박 자유 항행 보장 조항은 사람들의 뇌리 속에서 서서히 사라져 갔다. 한강하구 가 마치 육지의 군사분계선과 비무장지대와 같이 유엔사에 의해 민간인 출입이 차단되는 곳으로 여겨지게 된 것이다. 이처럼 사실관계가 뒤바 뀐 것을 알아낸 이가 리영희 한양대 교수다.[*]

한국 사회는 잊고 지냈던 중립 수역의 존재와 성격을 점차 알아가기 시작했다. 이 과정은 "2021 한강하구 평화의 물길 열기 시범 항행"에 서 이인영 통일부 장관이 했던 축사를 따라가면 파악할 수 있다. 이런 앎의 시작은 1990년부터다. 1953년 한국전쟁 이후, 약 37년이 지나고 나서다.

1990년, 수해로 무너진 한강 하류와 임진강변 제방 복구를 위해 남측의 민간선박 8척이 정전 이후 최초로 한강하구를 통과했고, 2005년에는 한 강하구를 이용해서 서울에서 통영으로 거북선을 예인하기도 했습니다. 그러다가 지난 2007년, 10·4선언에서 남과 북의 정상은 한강하구의 공 동이용을 적극 추진해 나가기로 합의하였고, 2018년 9월, 「판문점 선언 이행을 위한 군사 분야 합의서」를 통해 한강하구 공동이용을 위한 중요 한 단초도 마련한 바 있습니다. [...] 한강하구는 말 그대로 공동구역, 중립 수역으로서의 가능성을 갖고 대북 제재의 유연한 적용을 모색하는

---

[*] 《인천일보》 2021년 3월 3일자, "금단의 땅 한강하구"

등 남북 협력을 구상해 나가는 데 있어 새로운 접근과 창의성을 자극하는 열린 가능성의 공간이라고 생각합니다.[*]

다시 말해서 한강하구가 중립 지역이라는 사실과 남북이 공동으로 이용할 수 있는 물길이라는 내용이 한 번씩 알려졌다. 하지만 여전히 한강하구를 휴전선이 있는 비무장지대(DMZ)로 생각하는 글과 기사 들이 나오고 있다.

중립 지역이자 DMZ라고 틀린 말을 한다. 한강하구를 DMZ라고 잘못 알게 되면 그곳엔 휴전선 또한 당연히 있다고 받아들인다. 오류가 또 다른 오류로 이어진다. 이런 잘못된 내용이 담긴 글이다.

(한강하구 중립 수역) 1953년 정전협정 체결 당시 남북 간 무력 충돌을 막기 위해 강에 설정한 비무장지대(DMZ)라 할 수 있다.[**]

군사분계선(휴전선)은 한강 어귀 교동도에서 동해안 고성 명호리까지[***]

교동도는 강화군에 속한 섬이다. 어느 글에선 한강하구를 중립 수역이라고 소개하면서 휴전선이 그어져 있는 지도를 인용한 예도 있다. 이런 지도가 계속 그려지는 원인에 대한 나의 두번째 추론은 다음과

---

[*] 《열린뉴스통신》 2021년 10월 15일자, "북한과 한강하구 협력"
[**] 《경인일보》 2017년 6월 22일자, "한강하구 중립 수역 남북 교류"
[***] 《한겨레》 2018년 4월 26일자, "평화의 길 튼 주역들"

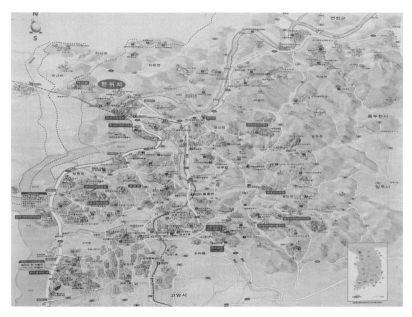

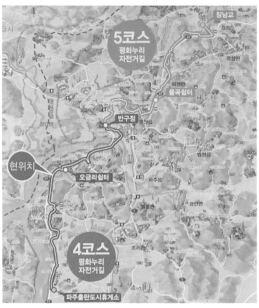

파주 주변의 관광지, 자유로 임진강
주변 등에는 휴전선 위치가 잘못 표
시된 지도를 볼 수가 있다. 그곳에
이런 지도들이 그대로 있는 이유가
무엇일까?(2020년, 2022년)

같다.

중립 수역이라 하면 앞부분에 한강하구가 붙곤 한다. 이는 정전협정문에서 이 지역을 "한강하구"로 표현한 문구가 그대로 굳어져 사용됐기 때문이다. 하지만 중립 수역이 오두산 통일전망대 서쪽의 한강하구에만 있는 것이 아니다.

중립 수역은 행정구역상으로 경기도 파주군 탄현면 만우리부터 인천시 강화군 서도면 말도까지 67킬로미터 물길을 일컫는다.●

보다시피 중립 수역의 동쪽 끝은 "경기도 파주군 탄현면 만우리", 휴전선의 시종점이 있는 자유로 임진강이다. 그렇지만 앞에서 말한 바와 같이 한국 사회에서 중립 수역을 부를 때엔 통상적으로 한강하구만을 붙인다.

사전 지식이 없다면 이런 표현으로 인해 중립 수역에 자유로 임진강도 포함된 사실을 바로 알기가 힘들다. 더욱이 이런 관용화된 명칭 때문에 한강하구와 임진강 하류 그리고 육지에서 멈춘 휴전선의 연결 고리를 찾기가 힘들어 보인다.

이쯤에서 생각해본다. 중립 수역이 임진강에 있고 중립 수역의 동쪽에는 휴전선의 시종점이 있다. 이 사실을 한국 사회가 정확히 파악하고 있었다면 휴전선과 DMZ는 육지에만 있고 중립 수역에는 없다

● 《인천일보》 2021년 6월 24일자, "한강하구 중립 수역"

는 것도 알았을 것이다. 그랬다면 중립 수역에 존재하지 않는 휴전선을 그려놓은 지도 또한 설 자리를 잃었을 것이다.

나의 짐작이지만 중립 수역에 휴전선을 그려 넣은 지도는 단순한 실수의 결과물이 아니다. 그런 오류를 바로잡기 위해서는 한국 사회가 휴전선과 DMZ의 시종점을 분명하게 알고 바라봐야 한다. 그뿐만 아니라 중립 수역에 대한 선입견과 편견에서 벗어나는 노력도 이뤄져야 한다. 2022년 한국 사회는 평화 그리기뿐만 아니라 분단 오류 지우기를 함께 해야 한다.

흔히 휴전선을 155마일, 약 250킬로미터라고 말한다. 중립 수역에 잘못 그려진 휴전선 길이가 약 67킬로미터다. 한국 사회에는 휴전선을 약 317킬로미터로 잘못 그린 지도들이 존재한다. 휴전선은 중립 수역에까지 이어서 그릴 만큼 더 길어졌어야만 했던 것일까?

지도를 수정하는 것은 지자체 혹은 그 공간의 책임자가 마음만 먹으면 할 수 있는 일이다. 하지만 단순하게 이 작업만으로 끝이 아니다. 다양한 책과 기사에 실린 잘못된 지도 또한 바로잡아야 한다. 그것은 결코 간단한 일이 아니다.

그럼 효과적인 방법은 무엇일까? 지도의 오류를 바로잡는 출발점은 자유로 임진강에 중립 수역의 명칭을 찾아주는 것이다. 검색해보면 중립 수역을 말할 때 한강하구와 임진강을 함께 표현하는 경우가 드물기 때문이다.

우선 한강하구 중립 수역에 임진강이 함께 언급되어야 한다. 더 정확하게 말하자면 "한강하구와 임진강 하류 중립 수역"으로 부르는 것이다. 중립 수역에 배를 띄우기 또는 남북 협력의 공간으로 만들기 전에 넘어야 할 일들이 많다.

중립 수역만 놓고 봐도 한국 사회는 없는 휴전선을 만들면서, 있는 임진강을 모른 체하고 살았다. 원래 정전협정문에 한강하구로 표현돼 있어서 그렇게 써왔다고 말할 수는 있다. 한강하구와 임진강 하류 중립 수역이라고 표현하기에는 너무 길고 불편하다고 말하는 사람에게는 내가 들려줄 수 있는 말이 있다. 남북 분단의 벽은 더 높다.

임진각 너머, 북한은 멀다

백두산에선 북한과 중국의 국경이 강이 아니기 때문에 선으로 그어져 있다. 중국 쪽의 백두산 천지에서 몇 걸음만 옮기면 줄 하나를 넘어 바로 북한이다. 상류든 하류든 압록강 곳곳에는 북한을 가까이서 볼 수 있는 지형이 있다. 그곳엔 어김없이 전망대 혹은 차를 멈추고 조망할 수 있는 공간이 조성돼 있다.

서울 용산과 노량진을 연결하는 한강대교 길이가 약 840미터다. 중국 단둥과 북한 신의주는 압록강 하류에 서로 마주보고 터를 잡고 있다. 이 두 도시를 연결하는 다리 길이가 대략 940미터다.

이 거리를 줄여서 북한과 좀 더 가까워질 수 있다. 단둥 시내에 있는 다리 위를 걸어가면 그 거리는 반으로 준다. 유람선과 보트를 타면 북한사람에게 손을 흔들 수 있을 정도로 접근한다.

여기에 만족하지 않고 북한사람과 대화를 나누고 싶은 사람들이 있을 것이다. 강폭이 넓은 압록강 하류 일대에서 가능하다. 압록강의 북한 섬과 중국 육지가 실개천을 사이에 두고 위치한 지형이 여러 군데 있기 때문이다.

"지척(咫尺)"이라고 새겨진 비석 앞에서 말 그대로 눈앞의 북한사람과 인사를 나눈다. 국경을 사이에 두고 이렇게 지낸다는 사실이 부럽기도 했지만 그렇게 질투하지 않았다. 왜냐면 한국에 이런 비슷한 장소가 있다고 알고 있었기 때문이다.

바로 임진각이다. 그 공간은 실향민의 애환이 깃든 이미지로 각인돼 있다. 명절마다 기사나 방송에서 그들이 고향을 그리워하는 모습을 전해주었기 때문이다. 2020년 전후에도 임진각에서는 "북한 땅이 코앞"이라는 글을 읽었다. 여기에 의문이 생길 여지는 없었다.

(2021년) 비무장지대와 북한 땅이 코앞인 임진각에 도착하면 '망향의 노래비'가 나타난다. [...] (1985년 세워진 망배단) 이후 명절날에는 언제나 이곳에서 차례를 지내는 실향민들의 모습이 텔레비전 뉴스에 등장하는 등 이곳은 분단과 실향민의 상징이 되고 말았다.*

"북쪽이 잘 보이는 명당자리"**, "북녘땅 앞"***이라는 언론 표현을 액

* 《프레시안》 2021년 11월 11일자, "'분단의 아픔' 실향민"
** 《뉴시스》 2018년 4월 9일자, "남북 정상회담 회담 앞둔 파주 임진각"
*** 《KBS》 2021년 6월 5일자, "북녘땅 앞에 펼쳐진 전시회. '다시, 평화!'"

압록강 중류 언저리의 북한 전경이다. 한반도에서 가장 춥다고 일기예보에 자주 등장하는 중강진 주변이다. 멀어도 카메라 렌즈에는 사람들의 표정을 담을 수 있다(2018년).

강폭이 넓어지는 압록강 하류다. 이른 아침에 때로는 북한 신의주 이런저런 소리가 중국 단둥 시내에서도 들린다(2016년).

선입견과 편견을 넘어

면 그대로 알고 한국에서 살아왔다. 임진각 앞에 흐르는 임진강 너머는 북한 땅이라고 언급하는 사람들의 말에 고개를 끄덕이곤 했다.

하지만 2020년 봄부터 파주 임진강을 주기적으로 다닌 덕분에 내 시각이 달라졌다. 무엇보다 이 지역의 풍경과 삶을 조금씩 알게 됐다. 그러던 중 임진각에 설치된 지도를 유심히 볼 기회가 있었다.

예전에도 봤던 같은 지도인데 다르게 보였다. 임진각 근처의 휴전선은 왼편 너머에 남북으로 걸쳐 있었다. 더욱이 임진각 바로 앞은 일단 민북 지역이다.

그곳에는 두 개의 마을과 도라산역이 있다. 즉 한국 땅이다. 임진각이 세워진 1972년쯤부터 강 건너편에서는 한국사람이 살아왔고 농사를 짓고 있다. 당연하게 받아들였던 "북한 땅이 코앞인 임진각"이라는 표현에 이제야 의문이 들기 시작했다. 그 자리에서 자료를 찾아봤다.

인터넷 지도에서 거리재기 기능을 활용해보니 임진각에서 직선 위치에 있는 도라산역 너머의 휴전선까지는 5킬로미터 내외다. 여기에다 휴전선 너머 북한 쪽 DMZ의 약 2킬로미터를 더하면 7킬로미터 지나서부터 북한이다.

날씨가 맑으면 이곳에서 개성이 보인다고 한다. 임진각에서 개성 시내까지는 약 20킬로미터다. 망원경이면 가능할까? 아니다. 평지로만 되어 있지 않기 때문에 개성 송악산 윗부분이 보일 뿐이다. 임진각 너머 왼쪽은 장단반도, 오른쪽은 통일대교의 민북 지역이다. 한국 땅이다. 한참 지도를 보고 있었다.

주변 사람들이 한마디씩 하는 내용이 귀에 계속 들려왔다. 아빠는

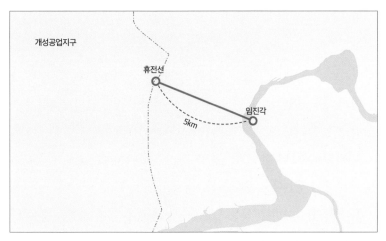

임진각에서 휴전선까지는 직선거리로 약 5킬로미터. DMZ 너머 북한은 약 7킬로미터부터다. 1970년 대 초반부터 한국 사회는 임진각에서 무엇을 보았을까? 북한을 봤다고 기억하는 사람들은 한국 사회에 얼마나 될까?(2022년)

아들에게 "저 강 너머가 북한인데 북한 병사가 보이니?"라고 묻는다. 하지만 임진강 너머에 북한 병사는 존재하지 않는다. 중년의 남자는 민통선 철조망을 가리키면서 친구들에게 "저기 휴전선 철조망이 보이 지. 저 강 너머가 북한 땅이다."라고 장황하게 설명한다. 아빠와 남자 는 잘못 알고 있었다.

이런 말들은 지도를 다시 보기 전까지의 내 생각과 별반 차이가 없 었다. 왜 그동안 임진각 너머를 북한 땅이라고 배워왔을까? 곰곰이 생 각해봤다. 언론만을 평계로 삼기에는 문제가 있었다. 나는 민북 지역 이 있고, 민북 지역 앞뒤로 있는 남방한계선과 민통선 사이가 그렇게 넓고 길다는 사실을 모르고 지냈다.

휴전선하고 가장 가까우니까 망배단을 세웠고 사람들이 그곳에서 고향을 그리워한다고 막연히 알았다. 임진각 주변의 철조망이 민통선 철조망이라는 사실을 안 지가 얼마 되지 않았다. 자료를 더 뒤적거렸다.

1972년에 실향민을 위해서 임진각이 조성됐고 이후 사람들이 찾기 시작했다. 2022년 현재까지 계산해보면 약 50년이다. 한적한 관광지가 아니다. 2021년 전후, 임진각은 경기 지역에서 에버랜드 다음으로 많은 사람이 찾았다고 한다.*

그 세월의 깊이만큼, 찾는 규모만큼 사람들은 어떤 경험을 했을까? 임진강 너머를 갈 수 없는 북한으로 생각하고 발길을 돌리는 이들이 얼마나 많았을까? 여기에서 휴전선은 약 5킬로미터 거리, 북한은 7킬로미터 너머에 있다는 사실을 현장에서 확인한 이들은 있었을까?

2021년, 임진각 일대에서 예술제가 열렸다. 그때 "남북을 가로지르는 임진각"**이라는 작품 설명을 읽었다. 이는 잘못된 말이고 전자에 속하는 사례다. 1972년 이전에는 이 주변이 "육군 1사단 장병들의 면회 장소"***였다고 한다. 어쩌면 북한 지역과 가깝다는 이유에서보다는 부모가 군인 자녀를 만나기 위해서 갈 수 있었던 공간에다 임진각을 조성한 것이 아니었을까?

임진각에서 북한은 꽤 멀다는 사실을 깨달았다. 그렇다고 해서 찾을 이유가 없어진 것은 아니다. 보이지 않는 북한 땅을 볼 수 있다는

---

* 《뉴스1》 2021년 11월 7일자, "놀이시설 없는 2위도 '750만 명' 찾아"
** 《뉴시스》 2021년 10월 17일자, "DMZ 아트 프로젝트-다시, 평화 보고전"
*** 《한겨레》 2021년 11월 11일자, "'임진각' 하이패스로 진입"

왜곡된 통념을 뛰어넘자 이제는 그 공간이 평화의 길목으로 다가왔기 때문이다.

임진각 앞의 임진강은 남북을 가르는 분단의 강이 아니다. 남북통일 이전에 일상의 삶을 누리고 평화를 꿈꾸고 실천할 수 있는 강이다. 그 지역의 풍경이 어떤 평화를 그려나가는지를 기록하기 위해서 앞으로도 나는 임진각을 찾을 것이다.

임진강은 북에서 출발해 남으로 흐르다가, 육지에서 멈춘 휴전선의 언저리부터 중립 수역이라는 명칭이 붙는다. 여기에서도 남북 경계를 가로지르지 않는다. 자유로 임진강은 남북을 함께 마주 보면서 흐르다가 교하와 한강하구와 만난다. 이렇듯 임진강 물줄기 어디에도 남북을 가르는 지형을 찾을 수 없다.

나에게 강렬한 인상을 남겼던 책 제목이 있다. 『쎄느강은 좌우를 나누고 한강은 남북을 가른다』[*]이다. 이를 패러디하면 38선은 남북을 나누고 파주 휴전선 일부분은 동서를 가른다.

임진각 주변의 임진강은 북동에서 남서로 흐른다. 가만히 보니 임진각은 정북을 향하지 않는다. 한반도의 북서 방향을 바라본다. 여하튼 남북을 가르지 않는 임진각과 임진강 너머, 약 7킬로미터 거리에 있는 북한은 나에게 멀다.

---

[*] 홍세화, 1999, 『쎄느강은 좌우를 나누고 한강은 남북을 가른다』, 한겨레출판.

평화 곤돌라는 평화체험일까?

1992년 한·중 수교 즈음부터 북한과 관련된 답사가 많이 이뤄졌다. 백두산과 더불어 두만강과 압록강은 중국 쪽에서 북한을 가까이서 볼 수 있는 곳이다. 이를 목격하고자 한국 사회의 개인, NGO, 종교 단체, 그리고 지자체와 교육청 등이 기획한 답사 코스도 자리를 잡았다.

그곳에서 그들은 동상이몽을 한다. 바라보는 풍경은 같은 북한 산하이지만 목적과 의도는 크게 둘로 나뉜다. 한쪽은 안보와 반공을 강화하자는 것이다. 또 한쪽은 남북 평화와 공존의 필요성을 도모하고자 한다.

때로는 평화를 주제로 찾아가도 안보를 체험하곤 한다. 답사 일정에 따라서는 이 지역의 삶을 제대로 들여다보지 못하고 안보 관련 장소만 가기 때문이다. 이렇게 목적과 실제가 엇갈리는 장면들을 볼 때마다 안타까움이 쌓이곤 했다.

그렇다면 북한을 염두에 두고 찾는 임진각 주변에서 사람들은 어떤 것을 보고 듣고 체험하는지가 궁금했다. 이 지역을 소개하는 책이나 여행 안내서에는 "통일과 안보 관광지" 혹은 "분단의 상징"이라는 수식어가 붙곤 한다.

임진각 주변의 건물과 기념 공간들이 생긴 시기와 배경을 보면 남북 역사의 축소판이다. 남북 관계의 시기별 변화를 반영 또는 시대에 역행하는 것이 함께 모여 있다. 그중에 일부분만 정리했다.

임진각은 1972년 7·4 남북공동성명 이후에 세워졌다. 망배단은 남

임진각 전망대에서 사람의 눈과 망원경으로 볼 수 있는 임진강 너머 풍경은 한국 지역이다. 북한 병사와 마을은 그곳에 없다. 그런데 사람들은 북한을 보기 위해서 임진각을 찾곤 한다. 바로 코앞이 북한이라는 글과 여행 후기들이 남겨지는 한국 사회다(2021년).

임진각 커피 전문점 옆 안내판에는 "2019년 남과 북을 가로지르는 철조망이 정면으로 보이는 카페로 재탄생됩니다. 현재 카페는 전국적으로 사진 촬영 장소로 유명세를 타고 최근 젊은이 및 관광객이 많이 찾는 카페 명소로 운영되고 있습니다."라는 문구가 영어로도 설명되어 있다. 그런데 이 철조망 너머는 한국 땅이다. 남(한국)과 북(북한)을 가로지르는 철조망이 아니다(2022년).

선입견과 편견을 넘어

북 이산가족 첫 상봉이 있던 1985년에 조성되었다. 남북 첫 정상회담이 열린 2000년에 들어선 평화의 종, 평화의 돌, 장단역 증기기관차, 경의선 철길 등이 보인다.

개인적으로 남북 교류와 만남의 황금 시기로 꼽는 노무현 정부 시기인 2005년에 세계평화축전을 계기로 만들어진 평화누리공원 그리고 박근혜 정부 때에 착공해서 2017년에 개관한 국립 6·25전쟁 납북자기념관도 있다. 여기에 문재인 정부 시절인 2020년에 하나가 추가되었다.

자유와 평화를 연결하는 곤돌라 시설인 임진각 평화 곤돌라는 관광객을 사로잡는 대표 명소다. 임진강을 가로질러 민간인통제지역인 캠프 그리브스까지 850미터를 연결한다. 2020년 4월 개장한 이래 (2021년 11월까지) 50만여 명이 탑승했다.[*]

"평화 곤돌라"다. 임진각 주변은 2005년에 만들어진 평화누리 이외에는 약 50년 동안 안보, 통일, 분단의 상징물이 주를 이루는 공간이었다. 그런 곳에 평화라는 이름을 단 곤돌라가 만들어졌다는 소식에 반가운 마음이 들었다.

2020년 개장 초기에 바로 찾아갔다. 건물 입구에 설명된 탑승 절차는 다른 관광지와 별반 차이가 없어 보였다. 하지만 평화 곤돌라 탑승

---

[*] 《세계일보》 2021년 11월 25일자, "시간이 멈춘 DMZ"

2020년, 평화 곤돌라를 타면 지뢰라는 단어가 눈에 들어왔다. 2022년 봄에는 DMZ라는 글자가 추가되었다. 그런데 사진 속 지역은 DMZ가 아니다. 민북 지역이다(2022년).

장에 들어가기 전부터 당황스러운 상황이 펼쳐졌다. 안내 책자에 적힌 "보안각서 작성"이라는 문구가 기다리고 있었다.

이 절차를 무시하면 표를 구매할 수 없었다. 다음은 탑승장 입구에 준비해놓은 보안서약서 일부분이다. 양면에 내용이 가득하다. 여기에는 보안각서가 아니고 보안서약서라고 표현돼 있다.

본인은 곤돌라 시설물을 이용하며 민북 지역을 출입함에 있어 다음과 같은 사항을 준수하겠습니다. 1. 울타리가 설치되었거나 출입 통제 표찰이 설치된 군사기지 및 군사시설에 출입을 하지 않겠으며, 정해진 이동로를 무단으로 이탈하여 돌아다니지 않겠습니다. [...] 위 사항을 위반

선입견과 편견을 넘어   **135**

시 "군사기지 및 군사시설보호법"에 의한 고발 및 민·형사상 책임과 처분을 받을 수 있음을 인지하고 준수하겠습니다.

관광지에서 보안각서를 쓰는 것은 좀 호들갑스러워 보이나 강 건너에 군부대 시설이 있기 때문이라고 이해했다. 탑승장 입구에서 보안각서를 쓰고 평화 곤돌라에 올라탔다. 관광 시설은 옥상 전망대, 캠프 그리브스 역사공원, 캠프 그리브스 유스호스텔로 구성돼 있다.

평화 곤돌라를 타면 DMZ가 아닌 민북 지역을 밟아보는 체험을 한다. 임진강을 건너 민북 지역에 있는 2004년 미군이 철수한 캠프 그리브스까지 간다. 철조망에 에워싸인 일정 범위 내에서만 둘러보고 다시 돌아올 수밖에 없다.

임진각에는 "민간인 통제구역"이라는 표시와 함께 "지정구역 이외 사진 촬영금지"라는 안내판들이 있다. 독개다리를 건널 때는 "앞쪽(북쪽) 방향만 사진 촬영 허가"라는 주의 문구가 있다. 평화 곤돌라를 타기 전에 작성하는 보안각서에도 "경계시설물(철책, 초소, 감시 장비 등)에 대한 사진 촬영 및 SNS상 유포를 하지 않겠습니다."가 명시돼 있다.

이를 위반하면 "민·형사상 책임과 처분을 받을 수 있음"이 적혀 있다. 처음 평화 곤돌라를 타면서 이런 경계시설물을 일일이 피하면서 사진을 찍는 것은 거의 불가능하다. 물론 임진강 물길만 담으면 가능하다.

평화를 생각하면서 분단의 현장을 둘러볼 생각으로 왔는데 기념할 풍경을 가려서 촬영하라고 한다. 평화는 온데간데없고 보안각서를 마주하고 사진을 조심해서 찍어야 하는 안보체험만이 남았다.

그 이후에 탑승장에 몇 차례 가봤지만 달라진 것은 없었다. 나와 마찬가지로 어떤 누구도 보안각서를 작성해야 하는 조건에 문제를 제기하거나 소극적인 항의라도 하는 사람들을 보지 못했다. 평화와 보안이 한 공간에 함께 있는 한국 사회다.

나는 이런 어색함에 순응하며 살아간다. 어떤 한국 사회에 살아왔는가를 묻는다. 평화를 말하던 문재인 정부의 시기를 어떻게 기록해야 할까?

평화 곤돌라에 대해서 무엇을 남겨야 할까? 앞에 붙은 평화라는 단어에 주목해야 할까? 아니면 곤돌라를 타는 과정에 경험한 안보도 있었음을 언급해야 할까?

「파주 임진각 평화 곤돌라」 안내 책자에는 "평화의 상징 임진강을 한눈에 감상하세요."라고 안내하고 있다. 이에 걸맞게 "지뢰"라는 안내판은 "지뢰가 있었던 위치임"으로, "철책 부근, 군부대 시설에 대한 사진 촬영의 금지"는 "옛 철책 부근, 옛 군부대 시설도 사진에 담아 추억하세요."라는 문구로 바뀌는 날은 언제일까?

이런 상상과 소망을 꿈꾸는 것은 짧은 생각일까? 남북 관계와 상관없이 2022년 전후, 한국 사회의 현주소를 외면하는 것일까? 관광 시설이 아니라서 위의 소책자에 빠진 풍경이 있다. 평화 곤돌라 창문 너머로 펼쳐진 논 풍경이다.

민북 지역이라서 어떤 이는 사진도 마음 놓고 못 찍는데 어떤 이는 그 땅에서 철조망을 넘나들면서 일 년 내내 농사를 짓는다. 무엇이 평화일까? 나라면 안내 책자 분량을 늘려서라도 이곳에서 농사지음을 강조했다. 이 강에서 낚시와 물놀이를 하고 겨울이면 스케이트 타는 풍경을 언제쯤 볼 수 있을까?

이는 국경 지역인 압록강에서 일상적으로 봐왔던 풍경이다. 평화 곤돌라가 있는 임진강은 남북을 가르는 강과 국경이 아닌데 왜 압록강처럼 될 수 없냐고 말하면 세상 물정 모르는 사람이 될까?

물론 지뢰라는 변수를 고려해야 하지만 주변을 살펴보면 절대적이지만은 아닌 것 같다. 평화 곤돌라를 기준으로 좌우로 내포리 어선단이 고기를 잡아왔고 황포돛배가 운행되곤 했다. 두 지역 다 파주 임진강에 속한다.

탑승 건물 앞 정면에 붙어 있는 민통선 설명 표지판에는 다른 민통선 관련 글들에서 보기 힘든 표현이 있었다. "보이지 않는 선"이라는 문구다. 참고로 아래 설명에서 민통선은 귀농선으로 고치는 것이 맞는다. 1954년에는 귀농선으로 불리다가 1958년에 민통선으로 명칭이 바뀌었다.

1954년 2월 미국 육군 사령관 직권으로 [...] 보이지 않는 선을 그어 [...] 선이 바로 민통선이다.

평화 곤돌라를 탔을 때 철조망으로 된 민통선이 보인다. 위의 표현대로 처음에는 "보이지 않는 선"이었다. 「파주 임진강변 생태 탐방로」 안내 책자에는 "1971년 미군 제2사단이 서부전선을 한국군에 맡기면

압록강 철조망이 국경 표시가 아님을 알고 있으면 그 앞에서 행동이 자연스럽다. 압록강 너머 북한을 등지고 한국의 초등학생이 사진을 남겼다. 그는 어떤 추억을 기억할까?(2014년)

임진각에는 철조망 너머 논밭 풍경이 존재하는 이유를 설명하는 안내판이 없다. 평화 곤돌라를 체험한 사람들은 지뢰와 DMZ 글자를 기억할까? 아니면 민통선 너머에도 한국사람이 농사짓고 있다는 사실을 확인할까?(2020년)

선입견과 편견을 넘어

서 (철조망이) 설치되고 민간인이 통제되었던 지역에 군 순찰로가 형성되면서 자연스럽게 형성된 곳입니다."라고 서술하고 있다.

이를 요약하면 한국전쟁 이후, 약 17년 동안 보이지 않던 선이 한국군이 이 지역을 담당하면서부터 보이는 선으로 바뀌었다. 즉 철조망이 있는 선으로 변했다. 그 후로 50년이 넘도록 그 자리에 그대로 있는 모양새다. 평화 곤돌라를 체험할 때 보안각서를 써야 하는 이유 가운데 하나가 바로 그 철조망이다.

민통선의 태생은 보이지 않는 선이었다. 보이는 철조망 선으로 만든 것은 한국이다. 결자해지(結者解之)라는 말이 있다. 한국 사회가 만든 임진강 양쪽 민통선 철조망이 언젠가 제거되는 날이 오기를 꿈꿔본다. 평화 곤돌라를 탈 때 최소한 보안각서는 쓰지 않아도 될 것이다. 그렇게 되면 어떤 설명과 수식어가 없어도 사람들은 있는 그대로 평화를 체험하지 않을까?

그곳에도
삶이 있다

통일대교 민통선은 금지의 선이 아니다

중국 단둥에서 참여관찰할 때면 정기적으로 기록 작업을 한다. 오전 8시쯤에는 단둥역에서 평양행 국제 기차를 타기 위해서 사람들이 모여드는 사연과 사례를 메모장에 옮긴다. 10시에는 단둥과 신의주 사이의 다리 위를 달려 국경을 넘는 기차를 사진에 담는다.

다른 약속이 없으면 오후 5시 이전에 다시 단둥역에 가서 평양발 기차를 기다린다. 그 기차 객실에는 1992년 한·중 수교 전후부터 한국사람도 한 번씩 타고 있었다. 2006년 이후부터 나는 그들을 단둥 시내에서 만나고 단둥역에서 배웅 혹은 마중하곤 했다.

기회가 닿지 않았지만 나 역시 중·조 국경(두만강과 압록강)을 넘어 북한에 갈 수 있음을 알았다. 이렇듯 중·조 국경은 사람들이 일상적으로 넘나든다. 한편 한국에서는 휴전선은 물론이고 다른 선들조차

중국 단둥과 북한 신의주를 연결하는 다리를 통해서 국제 열차와 차량이 넘나들고 있다. 중·조 국경 지역에는 일상의 삶이 펼쳐지고 이를 지켜볼 수 있다(2016년).

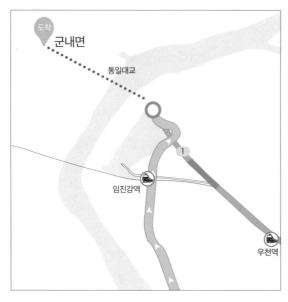

1998년에 개통한 임진강의 통일대교가 내비게이션 화면에는 보이지 않거나 글자로만 표시된 경우가 있다. 그렇다면 이 다리 너머에는 도로가 없고 일상의 삶이 존재하지 않는 지역일까?(2020년)

그럴 수 없다고 짐작했다.

나는 남방한계선은 둘째치고 국경이 아닌 민통선도 사람들이 일상적으로 넘나들 수 없는 선으로 알고 지냈다. 이런 인식의 중심에는 파주 임진강의 통일대교가 있었다. 1998년 6월 개통한 다음 날, 고 정주영 현대그룹 회장이 소 떼를 몰고 이 다리를 건너서 방북한 일화가 유명하다. 이는 특별한 사례라고 생각했다.

2020년 봄에 알게 된 사실이 있다. 2022년 현재에도 변하지 않은 내용이다. 카카오맵과 달리 구글 지도와 티맵에서 통일대교를 검색하면 하나는 임진강에 다리가 보이지 않는다. 다른 하나는 강 한복판에 통일대교 글자만 표시돼 있다.

다리 너머는 민통선 이북과 휴전선 사이의 풍경이 펼쳐지기 때문에 보안을 고려해서 그럴 수 있다고 생각했다. 임진각과 통일대교의 임진강은 "민간인이 갈 수 있는 남한의 가장 끝 지점"*이라는 비슷한 표현들에 의문을 달지 않았다.

이렇듯 나에게 통일대교의 민통선은 단절의 이미지가 강했다. 민통선의 본말인 민간인통제선에서 민간인 범주는 어학사전 의미 그대로 적용했다. 군대에 복무하지 않는 보통 사람, 모두를 가리킨다고 생각했다. 통제는 자의적으로 금지의 의미로만 이해하고 해석했다.

다만 다리 너머의 세 마을(민북 지역의 통일촌과 해마루촌, DMZ의 대성동 자유의 마을) 주민과 여러 기관에 속한 공무원의 존재는 책과 영상

---

* 《인천일보》 2021년 11월 12일자, "분단 실타래 풀어갈 땅, 파주"

을 통해서 알고 있었다. 2016년에 개성공단이 폐쇄된 상황에서 민북 출입증을 소유한 그들만이 이 다리를 넘나든다고 미루어 짐작했다.

그들 이외에 이 다리를 일상적으로 이용하는 사람이 없다고 단정했다. 나는 중·조 국경을 넘어 북한에 갔다 오는 한국사람도 기록해오고 있다. 하지만 국경이 아닌 민통선을 일상적으로 넘나드는 한국사람, 그러니까 다른 민간인을 목격할 것이라고 상상하지 못했다.

민통선과 휴전선 사이의 삶을 기록하는 연구 프로젝트를 한다는 명목으로 나는 미리 승인을 받고 통일대교의 민북 지역을 가곤 했다. 이는 금지의 예외, 연구 목적이니까 가능한 경우라고 생각했다.

"민통선 지역임(미승인 차량 회차)"이라고 적혀 있는 교통표지판, 철조망, 다리 남단 검문소 등은 나의 고정관념이 맞음을 증명하는 사례였다. 군인과 함께 출입 절차인 출입증 제출, 동승자 확인, 차량 검문, 확인 후 통과를 안내하는 간판만이 시야에 들어오곤 했다.

하지만 민북 지역을 넘나드는 횟수가 쌓이면서 주변을 보는 눈과 여유가 생겼다. 이후 나에게 다가온 통일대교 장면들은 예상 밖이었다. 도라산역, 도라전망대, 제3땅굴 등을 제한적으로 방문하는 관광객들을 태운 버스만 다리를 지나가지 않았다.

군의 통제 속에서 민통선을 일상적으로 넘나드는 사람들, 민간인의 삶도 있었다. 이를 알게 된 출발점은 책이 아니었다. 통일대교 현장이다. 처음 몇 번은 이들을 그저 바라만 보았다.

무심코 넘겼다가 유심히 다시 읽은 내용이 있다. 다리 남문 검문소 앞에서 대기하고 있을 때마다 본 문구다. "통일의 관문 파주"라는 대형

　　　　　　　　　　　　　　　2부 | 같은 듯 다른 듯

간판 아래에 있는 전자 안내판은 수시로 화면을 바꾼다. "거동 수상자, 땅굴, 폭발물, 의심 물건 발견 시 신고는 1338" 또는 "간첩, 테러범, 군사기밀 유출 및 방산 스파이 신고는 1337" 등이다. 이 외에 또 있다.

1·2차로-영농, 일반출입자/3·4차로-군인, 주민, 관공서 직원/15일부터 영농인 출입 시간, 05:10~20:00

민통선을 넘나드는 사람들의 범주와 유형을 알려주고 있다. 영농인이 탄 차가 대기하는 차로가 따로 있다. 민북 지역인 두 마을에 거주하지 않으면서도 민통선과 남방한계선 사이의 논과 밭이 그들 삶의 한 부분인 민남 지역에 사는 영농인이라는 글자가 보인다.

그들의 출입 시간, 즉 통일대교 통과 시간이 있음을 보여주고 있다. 여기에서 민남 지역의 영농인은 임진강 이남 지역에 사는 사람이다. 그중에는 일산 혹은 서울에 사는 사람도 있다.

이들을 출입 영농인이라고 부른다. 이렇듯 다리 너머에는 민북 마을에 살면서 농사를 짓는 입주 영농만 존재하지 않는다. 아래 기사를 보면 "상시 출입하는" 출입 영농인과 함께 2010년대 초 파주를 포함한 전체 민북 지역의 민통선 넘나들기 규모를 알 수 있다.

(2012년) 합참이 민북 지역 출입 규정을 개정해 시행하게 됨에 따라 (2011년 기준) 민북 지역 주민 2,300여 명과 상시 출입하는 (출입) 영농인, 긴급 공무 수행자 등 2만 6천여 명, 안보 관광객 365만여 명이 출입

통일대교 남단에서 민간인통제선을 넘나들기 위해서 차들이 대기를 하고 있다. 민간인통제선의 통제는
말 그대로 통제이지 금지가 아니다(2020년, 2020년).

2부 | 같은 듯 다른 듯

절차 간소화 등의 편의를 제공받게 될 것으로 전망된다.*

2020년 전후, 통일대교를 넘나드는 출입 영농의 규모가 약 7,000명으로 알려져 있다. 그들은 혼자만 다니지 않는다. 동행할 수 있는 인원이 있다. 민통선을 통과할 때 함께할 수 있는 사람이 시기에 따라 다르다.

1970년대 초에는 책임자가 화물차에 스무 명, 서른 명씩 태워서 임진각 철교를 넘었다는 구술을 들은 적이 있다. 2021년 가을, 이들의 규모와 방식이 변했다. 동행, 즉 "영농보조인의 인원 제한"**이 없어졌다.

이처럼 민간인통제선의 통제는 모든 것을 금지하지 않았다. 민통선은 통제를 받으면서 넘나들 수 있는 선이었다. 민북 지역에서 하루 농사일을 마치고 민통선의 출입구 역할을 하는 통일대교를 다시 넘어 민남 지역으로 이동하는 농기계를 실은 트럭이 보이곤 했다.

검문소 1·2차로에는 영농인 이외에 일반출입자가 대기한다. 그들은 누가 봐도 민간인이다. 통일촌과 해마루촌의 지인을 방문하는 자가용, 마을주민들이 주문한 물건을 운반하는 택배 차량 등과 마주치곤 한다.

2019년 9월부터는 민북 마을주민이 이용하는 "천원 택시"***가 다닌다. 다른 목적으로 방문하는 차량도 있다. 통일대교 너머에 조상들

* 《CBS》 2012년 7월 30일자, "민통선 북방지역 출입 절차"
** 《머니S》 2021년 10월 15일자, "민북 지역 영농인 출입 체계 완화"
*** 《중앙일보》 2021년 12월 4일자, "파주 '맞춤형 교통복지 서비스'"

의 묘가 있는 사람들은 민북 지역으로 성묘를 다녔다.

1971년 추석을 맞아 육군은 휴전 이래 처음으로 서부전선 일부 지역을 제외한 전 전선에 걸친 전방 지구 민간인통제선 북쪽 지역에 조상의 분묘를 두고 있는 주민들에게 3일 하루 동안 출입을 허용, 성묘하는 기회를 주기로 했다.[*]

1971년은 실향민의 임진각이 세워진 해보다 약 1년 전이다. 통일촌에 사람들이 거주하면서 입주 영농을 하기 시작한 1973년보다 앞선 해다. 1998년 통일대교가 개통하기 이전에는 임진각 망배단 근처의 철교를 차량으로 건넜다. 세월이 흐르면서 성묘 기간은 3일보다 늘어났다.

통일대교에서 볼 수 있는 풍경은 또 있다. 예를 들어 통일촌 식당을 찾고자 하는 이들을 위해서 식당 주인이 다리 검문소까지 마중을 나온다. 단체가 탄 관광버스가 통과하곤 한다.

더 구체적으로 누가 민통선을 넘나들고 있는지를 살펴보려면 검문소에 주민등록증을 맡기고 받는 일명 임시 출입증에 담긴 내용에서 실마리를 풀어갈 수 있다. 출입증에는 출입 목적에 따라 "공무, 영농, 주민 방문, 안보 관광"으로 구분돼 있다.

민간인 누군가는 민통선 철조망 사이의 통일대교를 일상적으로 넘

• 이정훈, 2019, 「현재까지 DMZ를 바라보는 시각의 변화 추이」, 『2019 DMZ 세계유산 등재 기반조성사업』, 경기도·경기문화재단 경기문화재연구원, 17쪽.

나들고 있다. 민간인통제선이라는 단어에서 민간인을 군인의 반대말로 한정하고 통제를 금지로만 생각했던 내가 놓쳤던 장면이다. 하지만 2020년 현재, 다리 주변에서 사람들은 동상이몽을 한다.

주변 철조망을 보고 누군가는 남방한계선이라 하고 누군가는 휴전선이라 말한다. 둘 다 틀렸다. 통일대교는 민통선을 통과하는 관문이지 DMZ로 들어가는 남방한계선의 통문이 아니다.

통일대교 너머는 닫힌 공간이 아니었다. 조금씩 열린 공간으로 존재해왔고 변화해왔다. 그렇지만 민북 지역을 DMZ와 같은 성격의 공간으로 말하는 이들도 한국 사회에 존재한다.

누군가는 민통선 이남에서 이북인 통일대교 너머 전부를 갈 수 없는 DMZ로 착각한다. 다른 누군가는 미래가 아닌 현실에서 통일대교 민통선을 넘나들면서 일상의 삶을 살아왔고 살고 있다. 이유와 동기를 떠나서 둘 다 민간인이다.

두 개의 선(민통선과 남방한계선)을 일상적으로 넘나드는 사람들

통일대교 민통선 너머는 민북 지역이다. 그다음으로 DMZ 남쪽 끝인 남방한계선이 있다. 나는 유엔사가 남방한계선 출입이나 휴전선 통과에 대한 통제권을 가지고 있다고 배웠다.

2019년 "통일부 장관이 DMZ 내 유일한 민간인 마을인 대성동 마을을 방문하려 했으나 유엔사가 동행 취재진의 방문을 불허하면서 결국 무산[*]됐다. 그러나 그들은 민통선이 아니고 남방한계선을 통과하지 못했다.

> DMZ는 한국의 주권이 미치지 않는 유엔사 관할 지역이다. [...] 유엔사의 허락이 없으면 대통령도 국방부 장관도 합참의장도 DMZ에 들어갈 수 없다.[**]

위의 내용이 한국 사회의 분단 현실이라고 한다. 이런 사실만을 알고 있는 나는 2020년 봄에도 제한적인 고정관념에 머물 수밖에 없었다. 통일대교를 일상적으로 넘나드는 사람들의 생활 범위는 남방한계선 앞, 딱 거기까지라고 생각했다.

그랬는데 그곳에 갈 때마다 한 번씩 버스 하나가 눈에 들어왔다. 다시 보니 노란색으로 상징되는 통학 차량이었다. 평일 오전 9시 이전, 통일대교에 가면 볼 수 있는 장면이다.

학생들과 교직원을 태우고 대성동 초등학교로 향하는 버스가 검문소 앞에 서 있는 모습이 보인다. 2018년 KBS2 TV 《1박 2일》 프로그램에 나왔던 그 학교다. 그 존재 의미에 대해서 DMZ 내 하나뿐인 마을에 있는 학교로만 언급됐고 나 역시 그렇게 생각하고 있었다.

대성동 자유의 마을로 시집온 며느리는 주민이 될 수 있으나 딸은

• 《경향신문》 2020년 2월 3일자, "'무단 출입' 문제 삼은 유엔사"
•• 《한겨레》 2019년 12월 19일자, "'유엔사'가 유엔의 군대가 맞나요?"

외부 남자와 결혼하면 마을에서 떠나야 한다고 들었다. 이처럼 거주 조건이 까다로움을 알았으나 대성동 초등학교가 운영되고 있는 배경을 궁금해하지 않았다.

주민들은 이따금 남방한계선과 통일대교 민통선을 넘어 파주와 서울에서 일을 본 뒤 다시 마을로 돌아갈 거라 지레짐작했다. "8개월 이상 계속 살지 않으면" 무조건 주민 자격이 상실된다고 알고 있었다. 이와 같은 선입견이 강해서 타지에서 출퇴근하는 교직원처럼 다른 지역에 살면서 이 마을을 오고 가는 삶을 생각하지 못했다.

하지만 대성동 자유의 마을에 방문해 주민들의 삶을 듣고 기록하다 보니 새롭게 알게 되었다. 대성동 초등학교와 관련해 거꾸로 민남 지역(파주)에 살면서 차례로 민통선과 남방한계선을 일상적으로 넘나드는 사람들의 삶이 그려졌다. 그림의 크기가 조금씩 커졌다. 고립에도 융통성과 예외는 있었다.

(대성동 자유의 마을에) 8개월 이상 계속 살지 않으면 주민 자격이 상실된다. 단, 중고등학교 교육을 받기 위해 타지로 나가는 경우는 제외된다. [...] 대성동 초등학교는 6·25전쟁 이후 1954년 주민 자치로 운영되다가 1968년 5월 8일 대성동국민학교로 인가를 받으며 3학급으로 개교했다. (2018년) 현재 학생 수는 총 30명이고 교사 및 행정직원 수가 22명이다. 입학 자격은 마을 주민이어야 하고 외부인은 추첨을 통해 들어갈 수 있다. [...] 한때 신입생이 없어 폐교 위기에 처했다. 하지만 지역의 역사를 볼 때 존재 가치가 커 2006년 공동학구로 지정하고 외부 학생의

대성동 초등학교 통학 버스는 월화수목금, 두 개의 선인 민통선과 남방한계선을 넘나들고 있다. 무엇이 평화일까?(2020년)

대성동 자유의 마을을 소개합니다!

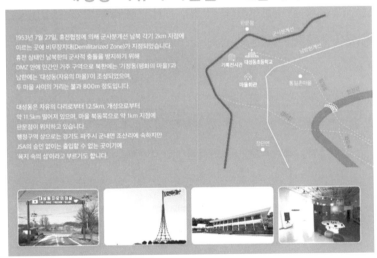

대성동 초등학교에서 약 1킬로미터 거리에 판문점이 있고 휴전선이 지나간다. 사진 속 설명에는 학교가 있는 대성동 자유의 마을을 "육지 속의 섬"이라고 소개하고 있다. 이런 은유와 선입견 때문에 한국 사회가 놓치고 있는 사실은 무엇이 있을까?(2020년)

입학을 허용했다.[*]

(2007년) 현재 전교생은 9명이며 그중 5명은 문산, 금촌 등 인근 지역에서 학교 버스를 이용, 통학하고 있다.[**]

우선 마을에는 초등학교만 있다. 자녀가 중고등학생인 학부모는 자녀와 함께 타지인 DMZ 밖으로 나가 살 수 있다. 그들은 아침이면 마을로 돌아와서 DMZ 안에 있는 논과 밭에서 농사를 짓는다. 그렇게 살아도 마을주민 자격을 상실하지 않는다.

타지에서 공부하던 중고등학생들은 주말이면 DMZ 내에 있는 집으로 돌아오곤 한다. 교직원들도 민통선과 남방한계선을 넘어 DMZ 내 학교로 출근한다. 그들만 이런 순서대로 두 개의 선을 넘는 것이 아니다.

2006년부터 외부 학생, 즉 통일대교 이남에 주소지를 둔 학생들도 민통선과 남방한계선을 차례대로 통과해서 등교한다. 오후에는 반대로 두 개의 선을 넘는다. 2022년 기준으로 약 16년 동안 민남 지역에 사는 학생들의 삶이 그랬다. 교직원의 넘나들기는 더 거슬러 올라간다.

대통령과 장관도 유엔사의 허락을 받는 조건으로 넘나드는 그 선, 남방한계선을 그들은 월화수목금 통과한다. DMZ의 휴전선을 왕래

---

[*] 《대한민국 정책브리핑》 2018년 4월 5일자, "'대성동 자유의 마을' 가보니"
[**] 《뉴시스》 2007년 4월 5일자, "JSA '자유의 마을' 대성동 초교"

한 역사 속 인물들이 중요한 만큼 DMZ의 남방한계선을 넘나드는 그들이 나에게 크게 와닿는다. 일회성이 아니라는 사실에 더욱 소중하다.

통일대교에서 마주치는 학교 버스에 그들이 타고 있다. 나는 그들이 민통선과 남방한계선, 두 선을 넘나드는 장면을 단지 분단의 틈새와 유엔사의 융통성으로만 생각하고 싶지 않았다. 평화 교육이 상상 속 미래 혹은 딴 곳에 있지 않았다. 대성동 초등학교 버스 안에 있었다.

통일대교는 금지의 다리가 아니었다. 두 개의 선인 민통선과 남방한계선을 일상적으로 넘나드는 사람들이 있었다. 두 선은 단순한 선이 아니다. 남방한계선은 분단을 상징하는 DMZ 철조망이 있는 바로 그 선이다. 민통선은 한국 사회가 휴전선 또는 남방한계선으로 착각하기도 하는 그 선이다.

통일대교엔 학교 버스만 다니는 것은 아니다. JSA 부대 앞 버스 정류장 근처는 때로 차로 가득 찬 풍경이 펼쳐진다. 대성동 자유의 마을 주민 이외에 정해진 시간에 남방한계선을 넘고자 하는 사람과 차들이 대기하기 때문이다.

오전 8시를 조금 넘은 시간에 그곳에 가곤 했다. DMZ 내 마을과 파주를 왕복하는 버스와 외부인 자격으로 미리 승인을 받은 사람들이 하나둘 모여드는 장면을 2020년 내내 기록했다.

그때마다 바로 앞 DMZ 너머의 북한 도시를 생각했다. 나는 2008년 개성 관광을 간 적이 있다. 이때 휴전선뿐만 아니라 북방한계선도 넘는 경험을 했다. 남북 관계에서 공식적으로 차지하는 개성공단의 의미와는 별개로 나에게 개성공단은 네 개의 선을 넘나들었던 삶의 일터로 자리 잡고 있다.

그 선들을 순서대로 나열하면 민통선과 남방한계선과 휴전선과 북방한계선이다. 그 선들에 사람들의 일상이 녹아들어 있었다. 그들은 평화를 실천하고 있었다. 그래서 나에게 개성공단은 소중했고 평화의 상징, 그 자체였다.

남방한계선 근처에는 남북출입사무소가 있고, 그 명칭이 표시된 버스를 통일대교 위에서 만날 수 있었다. 2016년 2월에 개성공단이 잠정적으로 폐쇄되기 전 또는 2020년 1월에 남북공동연락사무소가 중단되기 전에는 다양한 이름을 단 출퇴근용 버스들이 있었다고 한다.

개성공단의 역사만 따져도 12년이 넘게 그 버스에 탔던 사람들은 네 개의 선을 넘나들었다. 통일부 홈페이지에서는 개성공단과 관련된 총 방북 인원과 방문 차량이 각각 115만 4,437명과 75만 7,773대[*]라는 통계를 소개하고 있다.

이는 개성공단과 관련된 사람과 제품들을 실은 차량이 통일대교를 왕래한 규모와 거의 같다. 한편 약 12년 동안 통일대교뿐만 아니라 네 개의 선을 일상적으로 넘나들었던 건축사 변상욱이 기록한 글을 보고서 나는 잊고 있었던 사실을 확인했다.

북한산 모래는 2000년대 중반 국내에서 사용되는 건설용 골재의 30퍼

---

[*] 〈통일부 홈페이지〉, https://www.unikorea.go.kr/unikorea/business/statistics/

센트를 차지한 적도 있어 반입중단은 건설업에 상당한 영향을 미쳤다. […] 개성시 판문군의 사천강 모래도 반입되기 시작했다. […] 사천강은 군사분계선으로부터 불과 9킬로미터 거리에 있었으므로 운송비 부담도 적었다. 2004년 6월 7일, 25톤 트럭 15대 분량의 모래가 최초로 육로를 통해 반입됐다.[*]

북한 개성에서 출발한 모래가 네 개의 선을 넘었다. 통일대교를 지나 한국의 건설 현장으로 갔다. 한반도 내 육지의 남북 관련 선 이야기를 멈추고 그의 글을 더 소개하면 다음과 같다.

북한산 모래가 해상을 통해 1992년부터 한국에 들어오기 시작했다. 2022년 현재에서 거슬러 올라가면 약 30년 전이다. 내가 중국에서 밟아봤던 두만강 모래가 2005년 말부터 한국에 도착했다.

북한 모래는 1992년 함경남도 함흥의 성천강에서 해상운송으로 1톤이 반입된 것이 최초였으며, 1995년에는 상당한 규모가 반입됐다. 2002년에는 해주 앞바다 모래가 반입되기 시작했고, 2004년부터 본격적으로 국내에 반입됐다. […] 2004년 말에는 함흥(흥남) 앞바다에서 채취한 모래도 반입됐다. 모래 채취 위치는 1990년대 모래를 반입했던 함흥 성천강하구의 만 지역이었다. 2005년 5월에는 남북해운합의서가 채택됐다. 이에 따라 제3국을 통하지 않고 국내 선사가 직접 모래를 운송할 수

---

[*] 《주간경향》 2021년 7월 19일자, "광물자원 협력"

있게 됐다. 또한 2005년 8월에는 해주 모래 채취 작업을 위해 남측기술자가 북한을 방문해 직접 작업했다. 2005년 말부터는 두만강 모래도 반입됐다.[•]

2000년대 전후, 한국 사회에선 북한 평양과 신의주 등에서 만든 옷들을 집마다 갖고 있을 수 있었다. 북한에서 잡은 생선과 기른 농산물이 집밥과 식당 반찬에 올라왔을지 모른다. 이를 세 권의 책에 쓰고 강연에서 이야기하곤 했다.

그랬던 나이기에 생각이 길어졌다. "북한산 모래는 2000년대 중반 국내에서 사용되는 건설용 골재의 30퍼센트를 차지한 적"도 있다는 위의 글을 읽고 나니 더 그렇다. 모래의 행방이 궁금해지자 주변 건물들이 다르게 보이기 시작했다.

1990년대 이후에 지은 주택이라면 혹시 함흥이나 해주에서 온 모래로 만들지 않았을까? 2000년대 중반에 세워진 저 아파트는 네 개의 선을 넘어온 개성 모래가 벽면에 섞여 있지 않을까? 1990년대와 2000년대에 남북은 그렇게 살았다.

아니다. 2020년대인 현재, 한국 사회는 북한산 모래로 지은 빌라와 아파트에서 살고 있다. 이런 생각을 할수록 통일대교가 또 다르게 다가온다. 개성공단을 재개해야 하는 다양한 이유와 함께 통일대교는 남북 경제 교류에 중요한 역할을 담당하고 있음을 떠올린다.

• 《주간경향》 2021년 7월 19일자, "광물자원 협력"

통일대교는 민통선만 넘기 위해 존재하는 다리가 아니다. 남방한계선을 일상적으로 넘나드는 사람들도 이용한다. 2022년 현재, 다시 휴전선과 북방한계선 너머도 일상적으로 왕래하는 날을 기다리는 다리다. 그 위로 대성동 초등학교 버스는 오늘도 지나간다.

민통선은 다양하다

통제라는 말은 금단, 즉 어떠한 구역이나 범위 안에 들지 못하게 막음을 뜻하지 않는다. 단지 행위를 제한하거나가 제약한다는 말이다. 민통선의 본말인 민간인통제선에서 통제를 모든 민간인에 대한 금지의 의미로 받아들였던 건 아닐까?

"민간인의 출입이 군부대에 의해 엄격히 통제"*, "민통선 지역에서 [...] 민간인의 출입이 금지"**, "민간인이 출입할 수 없는 민통선 안길"*** 등의 기사를 보면 통제를 금지로 이해한다는 것을 알 수 있다.

이렇듯 민통선의 통제는 "금지"라는 단어로 대치되고 "출입할 수 없음"의 의미로 왜곡되어 쓰곤 한다. 왜 이런 현상이 있는 것일까? 2021년 임진각 주변에서 민통선을 언급한 문구를 촬영했던 기억이 났다.

---

* 《연합뉴스》 2021년 12월 2일자, "연천지역 $26km^2$ 2024년 군사 규제 해제"
** 《중앙일보》 2019년 12월 10일자 "연천 민통선은 숨은 '고인돌 보고'"
*** 《시사 IN》 2018년 7월 9일자 "민통선 따라 평화와 통일을 향해"

1954년 2월 미국 육군 사령관 직권으로 [...] 민간인의 출입을 금하였는데 이 선이 바로 민통선이다.

여기에서부터 그동안 민통선과 관련해 공부했던 내용과 이 선을 넘나들면서 눈으로 확인했고 배운 사실을 비교하기 시작했다. 먼저 위의 인용문은 민통선으로 바뀌기 전의 명칭인 귀농선의 유래와 성격을 설명한다. 여전히 이를 2021년 현재의 민통선에 적용하고 있었다.

귀농선에서 민통선으로 명칭만 바뀐 것이 아니라 금지에서 통제로 내용이 바뀐 시기가 있는데 이를 반영하지 못한 것이다. 과거를 현재의 시선으로 보는 것이고 역사 속 한 시기의 시선으로 현재를 보는 모양새다. 인터넷 백과사전에서 찾은 내용이다.

한국전쟁 휴전 후, 미 육군은 민간인의 귀농(歸農)을 규제하는 귀농선(歸農線)을 설정하고, 그 북방의 민간인 출입을 금지하였다. 휴전선 방어 임무를 한국군이 담당하면서 1958년 6월 군 작전 및 보안상 지장이 없는 범위에서 출입 영농과 입주 영농이 허가되었고, 귀농선은 민간인통제선(민통선)으로 명칭이 바뀌었다.[*]

1954년의 귀농선은 금지였다. 1958년에 "군 작전 및 보안상 지장이 없

----

* 〈한국민족문화대백과사전 홈페이지〉, https://100.daum.net/encyclopedia/view/14XXE00
20064

그곳에도 삶이 있다

는 범위에서 출입 영농과 입주 영농이 허가"로 바뀌었다고 서술하고 있다. 출입은 그 지역에 살지 않고 농사만 다니는 방식을, 입주는 그 지역에 살면서 농사를 짓는 방식을 말한다. 그런데 1954년과 1958년 문서의 기록과 그 당시 현장의 상황은 다르다.

> UN군은 1954년 '귀농선'을 설정하고 그들의 영농활동을 암묵적으로 인정하였다.[*]

"암묵적으로 인정"에 대한 사례를 알고 있다. 연천 백학면 일부 지역은 1990년대 이전엔 민통선 이북 지역이었다. 이곳에는 1958년이 아니고 1954년 전후부터 입주 영농을 시작했던 삶이 존재한다. 나는 그 시절을 살았던 주민들로부터 이야기를 듣고 다녔다. 이는 2021년 현장의 기록이다.

파주 통일촌은 1973년에 입주 영농을 시작했다. 이처럼 민북 지역마다 입주 영농의 시기가 다르다. 한 지역의 어떤 시기만 보고 귀농선과 민통선이 금지라고 보면 안 된다.

선의 의미가 달라졌다면 위치나 범위에 변화가 있을까? 휴전선은 그 자리 그대로다. 남방한계선 위치는 거의 변화가 없다. 하지만 민통선은 아니다.

민북 범위는 휴전선 기점으로 1983년에는 최대 40킬로미터였다.

---

[*] 전상인, 2017, 「DMZ 국가촌락사업 연구」, 『국토계획』52(4), 대한국토·도시계획학회, 30쪽.

2008년에는 5~10킬로미터라고 말한다. 이 범위를 기준으로 2020년 대 민통선 위치를 정확히 알 수 없다. 휴전선에서 연천 경순왕릉은 약 3킬로미터 떨어져 있지만 민남 지역이다.

민통선 위치가 시기에 따라 변해왔으나 2022년 현재 민북 범위에 대한 설명을 보면 5~20킬로미터가 주를 이룬다. 인터넷 백과사전에 도 제각기 다르게 표시돼 있다. 과거 다양하게 변해온 위치를 구분하 지 않고 그대로 서술했기 때문이다. 마치 개업 후 몇 년이 지났음을 광 고하는 식당 간판이 세월이 흘러도 그대로인 것과 다르지 않다.

지도에는 파주 임진강이 민통선으로 표시돼 있다. 연천 백학면 임 진강에도 한때는 강을 따라 민통선이 있었지만 2022년 현재는 임진 강에서 떨어져 북쪽에 위치한다. 백학면 지도에는 민통선을 그려놓지 않고 민간인 통제구역이라는 단어를 담고 있다.

이런 지역들을 다니다 보니 민통선의 안과 밖을 구분하는 눈이 생 겼다. 실재 저 너머에 마을이 터를 잡고 있고 주변에 도로가 보인다. 그런데 티맵 지도에 도로가 연결돼 있지 않거나 막혀 있다면 그 지점 이 민통선의 언저리가 되곤 한다. 그러나 이 방법도 강화도 민통선을 구분할 때는 적용이 되지 않는 것 같다.

지역과 시기마다 설치 방식이 다르다. 예를 들어 파주 임진각 주변 의 민통선엔 1971년에 철조망이 생겼다. 2022년 현재, 파주 민통선엔 철조망이 있는 경우가 많다. 연천 백학면의 민통선 주변에선 이어져 있는 철조망을 보지 못했다. 초소가 있는 민통선 언저리에서만 보였 다. 간혹 지뢰 표식판을 매단 채 몇 가닥만이 얽혀 있는 철조망 정도였다.

어린 시절 백학면에서 민북 지역의 삶을 경험한 주민들은 철조망에 대한 기억이 없다. 그 당시 그들은 민통선이 지나가던 임진강에서 수영도 하고 고기도 잡곤 했다. 민통선을 통과하는 방식도 다양하다. 2022년 현재, 검문과 관련되어 강화 교동도는 점점 간소화되어 왔고 파주 통일대교는 여전히 복잡하다.

민통선과 관련해 정리하다 보니 얼굴이 뜨거워진다. 두번째 책에서 「코끼리 뒷다리만 만지고 코끼리를 그릴 수는 없다」라는 소제목 앞뒤로 압록강의 부분만을 보고 전체를 말하면 편견과 오류에 빠지는 여러 사례•를 설명했었다. 그런데 2020년 이전의 나는 민통선의 뒷다리만 만지고 있었다.

무엇보다 민통선과 관련된 글들의 오류를 구분하지 못했다. 잘못된 정보만을 듣고 제한적으로 경험한 내용만으로 판단했다. 임진각 주변의 민통선뿐만 아니라 민통선 전체 이미지를 금지라고 착각했다.

다른 지역과 비교했을 때 2020년, 현장에서 본 통일대교의 민통선 성격이 달랐다. 2021년, 파주시와 인접한 지역인 연천 백학면의 민통선 역사가 또 달랐다. 한참을 생각하다가 전체가 아닌 대부분의 민통선을 요약해 설명할 수 있는 내용을 고민해서 써봤다.

1954년 문서에 담긴 금지라는 단어로 시작한 귀농선은 보이지 않는 선이

• 강주원, 2016, 『압록강은 다르게 흐른다』, 눌민, 21-35쪽.

었다. 농사가 암묵적으로 가능한 귀농선 이북 지역이 있었다. 1958년에 바뀐 명칭이 민통선이다. 그 이후에도 그 선은 모든 민간인에게 금지가 아닌 통제의 역할만 하기도 했다. 철조망이 민통선 전 지역에 있는 것은 아니다. 일상적으로 넘나드는 민간인들이 존재하는 민북 지역이 많아졌다. 민통선이 휴전선과 점점 가까워지면서 민북 지역은 줄어들고 있다.

민통선 역사를 하나라도 더 담으려고 했더니 문장이 자꾸 길어진다. 그럼에도 다름과 다양함을 다 담지 못했다. 휴전선, DMZ, 남방한계선과 달리 민통선과 민북 지역은 몇 줄로 설명할 수 없다.

국가와 군대의 통제 속에서 귀농선과 민통선, 그리고 민북 지역의 역사는 다양했고 현재를 살아가는 방식은 다채롭다. 이쯤에서 나는 기존의 문제의식이 선명해졌다. 민북 지역과 민통선을 DMZ라는 단어 속에 뭉뚱그리지 않는 것이다.

현실에서 평화를
그리면서 누리자

자유로에 휴전선 시종점을 표시한 안내판이 있다면

한국 사회는 두만강과 압록강의 삶을 단절로 이해하곤 한다. 그 배경에는 중·조 국경을 이루는 두 강 중앙에 국경선을 잘못 그어놓은 구글 지도 등이 있다. 2022년 현재, 한국 사회에는 휴전선이 육지에서 끝나지 않고 한강하구와 임진강 하류 중립 수역 한복판을 따라 그려진 지도가 여기저기에 보인다. 이 지역을 DMZ로 착각하곤 한다.

잘못된 정보로 인한 고정관념과 편견이 이미 마음속에 자리 잡고 있다면 현장에서 지우는 방법이 효과적일 때가 있다. 두만강과 압록강의 강 중앙이 국경으로 표시된 지도는 잘못된 사례임을 강조해서 말해도 직접 보지 않은 사람들에게는 크게 와닿지 않는다.

그보다 두 강에 찾아가 그곳에서 펼쳐지는 삶을 직접 목격하면서 설명을 듣는 게 효과가 있다. 그러면 대부분 알아서 자신들의 고정관

넘을 지우고 편견을 고치곤 한다. 더 많은 사실을 담아간다.

현장에 답이 있다는 표현은 이럴 때 쓰이는 말이다. 같은 맥락으로 휴전선이 육지에서 멈추는 지역에 가는 방법이 오류가 담긴 지도들을 지우는 좋은 방편이자 지름길이다. 그 현장은 직선거리로 약 400킬로미터 떨어져 있고 여권이 있어야 갈 수 있는 압록강이 아니다. 한국 어디에서든 마음만 먹으면 갈 수 있는 자유로 임진강이다. 서울 고속버스터미널에서 50킬로미터 정도의 거리다.

생각이 여기에 미치자 휴전선이 육지에서 멈추는 언저리 상황을 머릿속에 그려보았다. 우선 통일대교를 넘어 왼쪽에 위치한 장단반도를 경유해서 가는 방법은 휴전선에서 약 2킬로미터 떨어진 남방한계선 철조망에서 막힌다.

그러면 자유로 임진강으로 가는 길이 대안이다. 강을 넘어가지는 못해도 강 너머의 현장이기 때문에 시야 확보가 가능하다. 하지만 이 방법은 2022년 현재까진 소용없다. 가까이서 보고자 임진강에 가고 싶으나 오금리 벌판의 이중 철조망이 가로막고 있다.

군인과 농사를 짓는 민간인 이외에는 일상적으로 갈 수 없는 지역으로 묶여 있다. DMZ의 남방한계선 철조망도 아닌 민통선 철조망인데 그 일부분만 철거하면 되지 않을까를 생각해봤다. 물론 이는 현실적으로 시일이 필요한 일이다.

그럼 바로 할 수 있는 방법은 무엇이 있을까를 고민하다 보니 떠오르는 대상이 있었다. 강원도와 경기도의 도로 주변에는 38선 글자를 새긴 비석이나 38선 휴게소 등이 있다. 휴전선의 시종점이 자유로 임

민통선 철조망 너머에 휴전선 시작과 끝이 있다. 그 언저리의 임진강 하류는 중립 수역이다. 이런 분단과 평화의 현장을 가까이에서 볼 수 없다. 한국 사회는 이 지역에 대한 고정관념과 편견을 쌓아왔다(2022년).

자유로에는 평화누리 자전거길과 이를 표시한 지도는 곳곳에 설치되어 있다. 하지만 휴전선 시작과 끝을 표시한 지도와 안내판은 찾아볼 수가 없다. 평화와 상관없고 중요하지 않기 때문일까?(2022년)

진강 너머에 있다.

하지만 그 위치가 강 건너 어디에 있다는 안내판이 자유로에는 하나도 없다. 이렇게 생각이 꼬리를 물다 보니 대안이 떠올랐다. 파주 헤이리 예술마을에서 차로 몇 분이 걸리지 않는 자유로 한 곳에 안내판을 세우는 것이다.

이를 본 사람들은 현장에 가지 않아도 자연스레 주목할 것이다. 자유로는 차량이 뜸한 산길이 아니다. 이미 활자화된 잘못된 지도를 하나씩 고치는 것보다 기회비용으로 따져도 더 좋은 방법이 아닐까?

인터넷 지도의 거리재기 기능을 참고해봤다. 자유로에서부터 휴전선까지는 직선으로 약 1.8킬로미터다. 더 가까이 보고자 마음만 먹으면 강변까지 걸어갈 수 있는 거리다. 벌판을 가로질러 임진강변에 선다면 약 0.9킬로미터다.

이를 참고삼아 자유로 안내판의 내용을 고민해봤다. 간략하게 약 1.8킬로미터에 휴전선의 시종점이 있다. 임진강 너머에는 1953년에 그어진 휴전선이 육지에서 멈춘 지점이 있다고 덧붙여본다.

이왕에 김칫국부터 마셔보기로 했다. 압록강 선착장에 갔던 경험을 참고해서 평화를 앞당기는 꿈도 담아본다. 약 0.9킬로미터 앞에 분단의 상징인 휴전선의 시종점에 가까이 갈 수 있는 유람선 선착장이 있다는 문구를 미리 만들어본다.

이곳의 임진강은 중립 수역이고 그 강에는 휴전선이 없다. 임진강이 합류하는 한강 하류와 한강하구에도 없다. 그 물길로 서울 혹은 강화에서 출발한 배가 다닐 수 있다.

자유로에서 직선거리로 휴전선 시작과 끝까지는 약 1.8킬로미터다. 오금리 벌판의 강변에서는 약 0.9킬로미터다. 남방한계선과 휴전선 사이는 약 2킬로미터다(2022년).

　안내판 내용을 쓰고 다듬다가 문득 나는 한국 사회가 낯설어졌다. 자유로가 개통된 지 30년 가까이 되었는데 휴전선의 시종점을 가리키고 설명하는 소형 안내판조차 없다는 현실이 씁쓸하다. 어떤 형태의 통일 혹은 평화를 고민하더라도 최소한 분단 상징인 휴전선뿐만 아니라 DMZ가 시작되고 끝나는 자락이 오금리 벌판과 임진강 너머 어디쯤인지 알고 있어야 하지 않을까. 그 양옆으로 어디가 북한이고 한국인지를 알려주는 안내판을 자유로에 설치하는 것은 의미 있지 않을까.

　자유로 옆의 민통선 철조망만이라도 없는 상황을 상상해본다. 근거 있는 상상이다. 성격과 명칭이 다르나 이중 철조망에서 하나의 철조망을 없앤 사례가 자유로 한강 하류에 있다. 그러면 넓게 펼쳐진 벌판을 가로질러 임진강에 다다를 수 있다.

욕심은 끝이 없다. 또 하나의 철조망마저도 사라진다면 이보다 더 좋을 수 없다. 휴전선과 DMZ가 육지에서 멈춘 위치뿐만 아니라 임진강 하류의 중립 지역을 가까이에서 볼 수 있다.

김칫국을 더 마셔본다. 휴전선 전망대가 임진강 근처에 세워지는 모습을 그려봤다. 이는 휴전선과 관련된 지도의 오류 하나만을 바로잡는 일에 그치지 않는다. 지척에 있는 오두산 통일전망대는 북한 마을을 가까이서 볼 수 있다는 사실을 강조한다. 도라전망대는 DMZ의 현실을 느끼면서 북한 개성과 송악산을 바라보는 장점이 있다.

가칭 휴전선 전망대에서는 북한 바라보기뿐만 아니라 휴전선과 DMZ가 육지에서 멈추는 지점이 임진강 너머에 있음을 눈으로 확인할 수 있다. 이야기 소재와 생각거리도 많다. 자유로 임진강을 바라보는 시야가 확보되면 일제강점기 연천 고랑포의 화신 백화점으로 가던 뱃길이 그려질 것이다.

휴전선과 DMZ의 시종점 언저리에는 한강하구와 임진강 하류 중립 수역이 흐르고 있으니 더 가슴에 와닿을 것이다. 이처럼 한국 사회가 잊고 살아온 이야기 소재를 발굴할 수 있다. 현실 속에서 미래의 평화를 몸으로 느낄 수 있다. 이런 전망대를 만들 수 있는 터가 자유로 오금리 벌판 너머, 임진강에 있다.

같은 중립 수역: 한쪽은 함께 이용, 한쪽은 함께 금지

2020년대 전후, 남북이 함께한 일 중 대표적인 것을 꼽는다면 무엇이 있을까? 2018년 9·19 남북군사합의에 따라 한강하구와 임진강 하류 중립 수역에 대한 남북공동 수로 조사가 있다. 다음 해 2019년 1월에 해도가 완성됐다.

여기까지였다. 그 이후엔 소식이 없다. 이 지역의 변화는 2022년 현재까지 없다. 남북 관계 개선만을 기다리고 있어야만 할까? 그전에 중립 수역과 관련해 한국 사회가 할 수 있는 일은 없을까?

이런 고민을 하기 전에 한국 사회가 이 지역에 대해서 어떻게 이해하고 있는지를 살펴봤다. 한강하구와 임진강 하류 중립 수역을 언급할 때 DMZ와 비슷한 지역으로 이야기하는 내용 가운데 하나다.

> 휴전선 비무장지대(DMZ)처럼 한강하구에도 비슷한 곳이 있는데, 이른바 중립 수역입니다.*

이 설명은 잘못됐다. 먼저 중립이라는 단어를 살펴보자. DMZ는 중립 혹은 완충 지역으로 설명되고 있다. 한강하구와 임진강 하류의 일정 지역은 남북의 중립 혹은 공동이용 수역으로 정의되고 있다.

두 공간은 중립이라는 같은 단어를 사용하여 설명하고 정의하고 있

---

* 《YTN》 2021년 10월 17일자, "한강하구 뱃길 언제 뚫리나?"

으나 실질적인 내용은 크게 다르다. 휴전선과 남방한계선이 존재하는 DMZ는 완충이면서 접근 금지의 의미가 강하다. 반면에 휴전선과 남방한계선이 없는 한강하구와 임진강 하류 중립 수역에는 공동이용의 성격이 포함돼 있다.

2021년에 이인영 통일부 장관이 언급한 것처럼 "공동 수역 또 중립지대로서의 가능성을 바탕으로 해서 완전한 제재가 풀리기 이전에도 우리가 좀 더 유연하고 창조적으로 남북이 평화적인 접근을 시도해볼 수 있는 곳"*임을 인식하기 위해서는 다른 대상과 비교하는 것이 맞는다.

두만강과 압록강이다. 그 이유 몇 가지를 열거해보겠다. 참고로 정전협정문에는 한강하구와 임진강 하류 중립 수역의 명칭을 "한강하구"로만 표현하였다.

"한강하구의 수역으로서 그 한쪽 강안이 일방의 통제하에 있고 그 다른 한쪽 강안이 다른 일방의 통제하에 있는 곳은 쌍방의 민용선박의 항행에 이를 개방한다"라고 명시했다.**

중립 수역은 이렇게 만들어졌다. 하지만 1953년 한국전쟁 이후, 이 지역은 뱃길과 관련해 "금단 구역"***의 길을 걸었다고 한다. 즉 민간(민

---

* 《YTN》 2021년 10월 17일자, "한강하구 뱃길 언제 뚫리나?"
** 《인천일보》 2021년 4월 28일자, "한강하구 중립 수역 '평화 정착'"
*** 《인천일보》 2021년 4월 28일자, "한강하구 중립 수역 '평화 정착'"

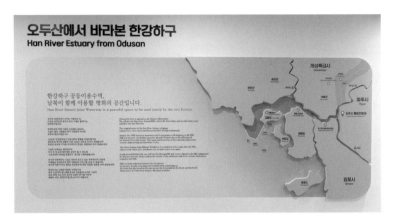

한국 사회는 남북의 중립 수역을 "한강하구"로만 표현하고 "한반도의 역사와 맞물려 지난 70년간 금단의 공간이 되었습니다."라고 설명하곤 한다. 이 문구와 내용에서 임진강 하류도 중립 수역임을 알기가 힘들다. 한국전쟁 이후 내내 금단의 공간만은 아니었음을 기억하기는 더 어렵다(2022년).

용)선박의 통행이 차단된 지역으로 기록되고 있다.

반면 두만강과 압록강은 1960년대 여러 조약(합의서, 의정서)에 의해 성격과 특징이 구체적으로 정해졌다.[*] 두 강은 북한과 중국 배들이 공동 이용한다. 한강하구와 임진강 하류 중립 수역에 대해 정전협정문 체결 3개월 뒤 채택된 부속 합의서 내용을 주목해봤다.

"일방의 선박은 타방의 통제 수역과 강안에 들어가지 못하며 한강하구 수역의 타방의 경계선 100미터 이내에 접근하지 못한다"라고 적시해놓았다.[**]

---

[*] 이종석, 2017, 『북한·중국 국경 역사와 현장』, 세종연구소.
[**] 《인천일보》2021년 4월 28일자, "한강하구 중립 수역 '평화 정착'"

이는 문서상으로 한국 배가 북한 육지의 100미터 이내로 접근하지 못한다는 대목이다. 이를 잠시 생각해보면 강의 속성을 모르고 작성했음을 알 수 있다. 강폭은 비가 내리거나 가물 때 변한다. 매일 육지와 강의 경계를 구분하기가 힘들다. 자유로 임진강은 바다와 근접해 있어 그 변화가 심하다.

마찬가지로 압록강도 비가 내려 강폭이 넓어지고 수심이 깊어지길 반복한다. 상대방 강변도로나 제방에 손을 뻗으면 닿을 거리에 서로의 배들이 있어도 상관없다. 그냥 일상이다. 압록강 사람들은 이를 "등안을 했으나 월경은 하지 않았다."*고 말한다.

이를 풀어보면 중국 배가 북한 육지에 정박해서 사람이 내렸으나 그가 배 위에 손만 올려놓고 있으면 국경을 침범하지 않았다고 여긴다는 말이다. 그렇게 그들은 강을 함께 이용한다. 강변에서 바라보면 오성기 혹은 인공기를 단 배들이 수시로 지나가고 교차한다.

북한과 한국은 한강하구와 임진강 하류를 함께 뱃길로 이용하지 않고 살아왔다. 그 이유에 대한 해석은 여러 가지가 있다. 중립 수역의 존재와 성격에 대해서 한때 몰랐다는 이야기도 있다. "남북의 우발적 충돌을 사전에 방지하기 위해 통행을 제한"**했다는 시각이 있다. 정전협정문과 다르게 해석해온 유엔사에 문제가 있다는 지적도 있다. 결과적으로 2022년 현재 중립 지역이지만 남북의 배가 다니지 못하

• 강주원, 2013, 『나는 오늘도 국경을 만들고 허문다』, 글항아리, 108-112쪽.
•• 《YTN》 2021년 10월 17일자, "한강하구 뱃길 언제 뚫리나?"

압록강은 북한과 중국의 중립 수역이다. 그 강에서 중국 배에 한국사람이 탑승하기도 하고 북한 배가 뗏목을 몰고 가기도 한다. HYUNDAI(현대) 명칭이 선명하게 보이는 북한 배가 정박하기도 한다. 압록강은 이런 풍경을 품고 흐르는 강이다(2017년, 2017년, 2013년, 『나는 오늘도 국경을 만들고 허문다』에서 재수록).

2부 | 같은 듯 다른 듯

는 금지 지역이다.

이처럼 두 지역을 규정하는 정전협정문과 중·조 국경 조약의 기본 내용이 같은 부분이 있다. 그러나 걸어온 길과 해당 지역을 다루는 각자의 시각이 다르다. 한쪽(북한과 한국)은 "함께 금지"이고 한쪽(북한과 중국)은 "함께 이용"이다.

한국의 시민사회단체들은 중립 수역에서 민간선박이 다닐 수 있다는 내용을 알리고 있고 "평화의 배"[*]를 띄우곤 한다. 이런 노력 이외에 2022년 현재, 다른 무엇을 할 수 있을까? 지자체들은 다양한 계획들을 발표한다. 당연히 시간과 돈이 뒤따른다.

경기도는 2019년 10월 한강하구 남북 공동 수역 평화적 활용을 위한 연구를 통해 4대 분야 15개 사업을 제시했다. 생태·환경, 관광·지역개발, 교통·SOC, 산업·경제 분야에서 생태자원을 조사하고 남북수산 협력을 하며 남북왕래 보행교량 조성 등을 담고 있다. 인천시도 2019년 11월 [...] 한강하구 관리 수역 지정, 한강하구 정책 동향 및 국내·외 하구 관리 사례조사, 한강하구의 수질 및 생태환경 분석, 한강하구 생태·환경 통합관리체계 등을 제시했다.[**]

이와 같은 큰 그림 앞에서 나는 고개를 돌려 중·조 국경 지역을 바라

---

[*] 《YTN》 2020년 6월 17일자, "한강하구 중립수역서 '평화의 배' 띄우기 추진"
[**] 《프레시안》 2021년 1월 25일자, "전쟁의 슬픈 이야기 담긴 한강하구"

본다. 그곳은 단지 한강하구와 임진강 하류의 중립 수역과 비슷하지만 다른 길을 걸어왔다는 사실만을 알려주지 않는다. 두만강과 압록강은 그동안 나에게 강은 뱃길만 있는 것이 아님을 보여줬다.

양쪽 강가에서는 사람들이 서로 마주 보고 교류하는 일상의 삶을 누리고 있다. 고기도 잡고 농사도 짓고 물놀이와 빨래와 산책도 한다. 이처럼 사람들의 삶이 있는 이유는 두만강과 압록강을 공유하기 때문이다. 두 강만 중립 수역이 아니다. 정전협정문 문서에 남북의 배를 "개방" 한다고 명시한 한강하구와 임진강 하류 중립 수역에서도 이런 일상을 공유하는 삶이 가능한 것이 아닐까?

예전처럼 남북 중립 수역에서 발 담그고 과일을 먹자!

두만강과 압록강에 기대어 사는 사람들의 삶을 한국 사회에 알리는 짧은 문장이 무엇일까를 고민하곤 했다. 그중 하나는 "(두만강과) 압록강에 발 담그고 과일을 먹자!"*라는 문장이다. 이는 두 강이 북한과 중국의 중립 수역이자 공유 지역임을 알리는 의미가 있다.

오두산 통일전망대를 지나 자유로를 달리다가 멈추고 생각에 잠기곤 했다. 뱃길을 열기 위해 노력하고 큰 그림을 계획하는 것 말고 없을까? 동시에 한강하구와 임진강 하류 중립 수역에서도 발 담그고 과

• 강주원, 2016, 『압록강은 다르게 흐른다』, 눌민, 97~110쪽.

일을 먹기 위해서 무엇인가를 하는 것은 의미가 있지 않을까?

즉 중·조 국경 지역인 두 강에서처럼 철조망 너머 임진강에서 남북 평화를 누리며 살 수 없는 것일까? 남북이 공유하고 공생하고 공존하는 삶을 살아가는 미래 터전을 만들어가는 또 하나의 길이자 지름길은 무엇일까?

당장 무언가를 할 수 없으나 이 지역의 임진강이 중립 수역이라는 점은 변화의 동력이 될 수 있다. 압록강과 마찬가지로 일상의 삶, 고기도 잡고 농사도 짓고 물놀이와 빨래와 산책도 할 수 있는 강임을 한국 사회가 알아가고 말하기 시작한다면 좋겠다.

그러면 분단이 좀 더 빨리 허물어질 것 같다. 그동안 나는 압록강에 기대어 사는 사람들의 모습을 인류학자로서 글과 사진으로 남겨왔다. 한강하구와 임진강 하류 중립 수역에서도 이루어지는 삶을 기록할 수 있는 순간이 다가오기를 희망해본다.

물론 여기엔 유엔사와 남북 관계의 변화라는 변수를 함께 고려해야 한다. 그런 만큼 어쩌면 가까운 미래는 아니라고 볼 수 있다. DMZ도 아닌데 유엔사 허가가 정말 필요한지 의문이 생긴다. 그것이 "현실"*이라고 쓴 기사를 읽은 적이 있다.

이렇게 글을 마무리하고자 할 때 머뭇거리는 점이 생겼다. 남북의 중립 수역에서도 발 담그고 과일을 먹자는 내 바람이 과연 한국전쟁 이후에 이 지역에서는 없었던 미래의 모습인가라는 생각이 갑자기 들

---

* 《인천일보》 2021년 11월 2일자, "한강하구 평화수역 도약 기다리며"

압록강에는 한국사람도 발을 담글 수 있다. 그 강에서 북한과 중국사람은 고기도 잡고 빨래도 하고 수영도 한다. 1970년대 이전, 남북의 중립 수역에는 철조망이 없었다고 한다. 나는 그 시절의 한강하구와 임진강 하류의 삶이 궁금하다(2014년, 2018년, 2015년, 2015년, 『압록강은 다르게 흐른다』에서 재수록).

었다.

이곳의 중립 수역에는 과연 접근 금지만이 있었던 것일까? 한국 사회가 잊어버린 세월과 추억은 없었을까? 구체적으로 한국전쟁 이후부터 어떤 시기에 존재했던 이 지역의 삶을 기억하는 과정이 필요하지 않을까? 질문을 계속하다 보니 이를 풀어낼 실마리가 떠올랐다.

중립 수역에 속하는 강화 교동도의 삶을 알고 있었다. 그곳의 한강 하구 갯벌에 발 담그고 살았다는 사례를 두번째 책에 언급했었다. 한강하구의 중립 지역에 민통선 철조망이 생기기 전이다. 1998년 이전의 삶을 엿볼 수 있는 경험담을 나는 이렇게 기록했었다.

남쪽의 교동도와 북쪽의 연백평야 사이의 강이자 바다인 저곳은 남북의 중립 지역입니다. 철조망이 생기기 전 교동도 주민들은 갯벌에 나가 조개를 채취했습니다.[•]

한강과 임진강 하류 주변에 대한 기억을 말하고 있는 기사도 있다. 1970년 이전의 한강과 임진강에서의 추억을 회상하는 내용이다. 강변에 철조망이 없던 시절의 이야기다.

저희 마을은 자유로와 출판단지가 생기기 전에는 바로 한강과 인접한 마을로 제가 어렸을 때는 한강에 들어가 발가벗고 헤엄을 치며 물고기도

• 강주원, 2016, 『압록강은 다르게 흐른다』, 눌민, 74쪽.

잡고 갯벌에서 조개도 잡았던 추억이 있습니다. [...] 한강과 임진강에 1970년대 초부터 철책이 세워지고 파주시민들은 접근할 수 없는 철조망에 갇힌 강을 바라만 볼 수밖에 없게 되었습니다. 그로부터 어언 50여 년의 세월이 흘렀습니다.[*]

이런 한강하구 그리고 한강과 임진강 하류 주변에 대한 기억의 조각들은 두만강과 압록강 지역의 삶과 별반 차이가 나지 않는 사례들이다. 다만 그 시기는 이 지역에 한강 철조망, 한강하구와 임진강의 민통선 철조망이 생기기 전의 삶이다.

이를 고려하면 이 지역에서도 발 담그고 과일을 먹자는 문장은 수정이 필요하다. 어느 지역에서는 1970년 이전, 어느 지역에서는 1998년 이전의 삶을 되찾는 것으로 말해야 자연스럽다.

한국전쟁 이후에 한강하구와 임진강의 뱃길은 끊겼다고 한다. 하지만 사람들은 그 물가에서 일상의 삶을 한동안 지속했다. 그 세월의 깊이가 한강 하류는 약 17년이고 한강하구는 약 45년이다. 이 지역에 철조망이 없던 시기, 하구와 강변에 기대어 살았던 사람들의 삶과 시절이 한국 사회에도 있었다. 나는 이를 놓치고 있었다.

민망한 마음을 감추고 기존에 염두에 두었던 이 글의 소제목에다 은근슬쩍 "예전처럼"을 붙이고 "도"를 지웠다. "예전처럼 남북 중립 수역에서 발 담그고 과일을 먹자!"라고 표현을 바꿨다. 그러자 이 지역

---

[*] 《파주바른신문》 2021년 12월 7일자, "임진강을 시민의 품으로 돌려달라!"

의 미래에 대한 기록 남기기를 준비하는 일과 함께 과거 삶을 반영하고 사례를 모으는 숙제가 추가됐다.

이어서 한강하구와 임진강 하류 중립 수역의 지형이 궁금해졌다. 근처에 가본 경험이 없으니 상상력에 한계가 있었다. 다만 오두산 통일전망대에서 바라본 중립 수역 주변을 생각하면 "낚시를 하자"가 더 맞는 표현일 것 같다.

숙제거리를 찾으면 또 있다. 중립 수역의 동쪽 끝에서 보면 상류에 해당하는 파주 임진강에도 할 일이 있다. 여기는 중립 수역이 아니다. 민통선 철조망이 있어서 임진강에 발을 담그지 못하는 지역이다. 어쩌면 가까운 미래에 발을 담글 수 있는 현장이다. 한국 사회의 의지만으로도 평화를 현실에서 그릴 수 있음을 보여주는 글을 읽었다.

파주시 탄현면 오금리에서 적성면 어유지리까지의 임진강 건너편은 모두 남쪽 땅으로 우리의 관할구역이다. 따라서 임진강 리비교의 내년 (2022년) 6월 준공과 함께 민통선 출입 검문초소가 북쪽으로 이동하면 통일대교, 전진대교 등 임진강의 나머지 구간도 민간인통제선을 북쪽으로 변경할 필요가 있다.[*]

위의 내용대로 민통선이 임진강 너머로 변경될 경우, 임진각과 통일대교의 주변 풍경은 달라진다. 이 공간들을 가로지르던 철조망은 일

---

* 《파주바른신문》 2021년 12월 7일자, "임진강을 시민의 품으로 돌려달라!"

부만 기념으로 남고 대부분 사라질 것이다. 민통선이 없는데 철조망이 있을 이유가 없다. 자연스럽게 이 지역의 민통선 철조망 옆을 달리고 걸으면서 DMZ라고 말하는 행사도 열리지 않을 것이다.

미래의 기록 거리를 상상하다가 나는 또 다른 성격의 철조망이 있던 속초 해변을 떠올렸다. 2022년 현재, 그곳에는 철조망이 역할을 끝내고 부분적으로 남아 있거나 철거되었다. 그 옆으로 들어선 대형 커피 전문점에서는 사람들이 여유를 즐기고 있다. 한때 철조망으로 막혔던 길을 따라 해변에 머물고 거닐면서 파도를 더 가까이서 느낀다. 바로 이 풍경이 현실에서 평화를 그리고 누리는 한 장면이다.

언제쯤 철조망이 없는 임진각과 통일대교에서 커피 한잔이 주는 여유를 즐길 수 있을까? 나는 그날을 기다리고만 있지 않을 것이다. 할 수 있는 일을 할 것이다. 이는 큰 그림의 계획이 아니다. "예전처럼 남북 중립 수역에서 발 담그고 과일을 먹자!"라는 표현을 계속 말하고 다니며 글로 쓸 것이다.

남북이 함께 모내기하는 판을 꿈꾸며

중국 단둥을 중심으로 남북 교류와 만남의 현장을 기록하면서 함께 남기는 다른 풍경이 있다. 사람들은 철조망이 있어도 끊어져 있는 부분 혹은 열린 통로를 넘나들면서 국경 지역인 강변에서 농사를 짓는다. 국경인 강을 넘나들면서 품앗이하던 이야기를 듣곤 했다.

2부 | 같은 듯 다른 듯

사람의 손길이 필요한 가축인 소와 양들이 북한과 중국 강변에서 풀을 뜯는다. 2019년 늦가을에 압록강 너머 북한 혜산의 강변을 바라봤다. 철조망이 아닌 나무 울타리와 강 사이 기슭에 수확을 기다리고 있는 농작물을 촬영했던 경험이 한 번씩 생각나곤 한다.

2020년 이전, 민북 지역을 통과해 판문점에 간 적이 두 번 있다. 그땐 민통선과 남방한계선 주변의 도로 풍경이 눈에 들어오지 않았다. 머릿속엔 온통 최종 목적지만이 가득 차 있었다. 그래선지 남방한계선 너머 판문점 가는 길에서 무엇을 보았는지 기억이 거의 없다.

2019년에 "한반도와 달리 [...] 서독의 경우 분단체제에서도 DMZ 인근까지 평화적 이용이 가능"* 했다는 문헌 혹은 기사를 읽었다. 당시에는 "한반도와 달리"라는 말을 당연하다고 받아들였다. 그랬던 나는 민북 지역을 다니기 시작하면서 생각이 바뀌었다. 독일에 간 적은 없으나 예전의 서독과 같이 DMZ 근처에서 농사를 짓는 모습이 들어왔다. 아래 기사는 파주 민통선을 넘나들면서 삶을 살아가는 사람들이 있음을 보여주고 있다.

(2019년) 탄현면 민통선 내 농업 지역인 오금 평야를 방문했다.**

민북 지역이지만 임진강 이남이고 DMZ와는 거리가 있으니까 "농업

---

* 조한범, 2019, 「DMZ의 평화 모델화 방안」, 『2019 통일연구원 학술회의』, 통일연구원, 10쪽.
** 《경원일보》 2019년 5월 27일자, "민통선 지역 출입 통제 개방"

압록강 상류, 북한 혜산 강변의 배추밭이다. 압록강 중류, 사람 손길이 필요한 소들이 풀을 뜯고 있다. 압록강 하류, 가을철 농사가 끝난 직후의 북한 섬 풍경이다 (2019년, 2017년, 2019년).

지역"이 있다는 대목에 그럴 수 있다고 이해했다. 통일대교를 넘어 돌아다니면서도 나의 고정관념은 그대로였다. 민북 지역인 두 마을, 통일촌과 해마루촌 주변에는 논과 밭이 있었다.

이 또한 마을 언저리에서의 농사는 지을 수 있다고 여겼다. 여전히 논과 밭은 DMZ 끝인 남방한계선에서 멀다고만 생각했다. 다니는 횟수가 늘어나면서 남방한계선이 어디쯤인지 알게 됐다.

그러다 도라산역이 남방한계선에서 약 700미터 떨어져 있다는 사실을 재확인한 뒤부터는 1970년대 초반부터 그 자리에 있던 논밭 풍경이 달리 보였다. 통일촌 주변을 차로 다니다가 도라산역 뒤편에 갔다. 도착한 곳은 마을에서 직선거리로 얼마 되지 않는다.

그 언저리에 농부가 고추밭에서 일하고 있었다. 남방한계선까지 1킬로미터 내외에 논밭이 펼쳐지고 있었다. 도라산역과 남방한계선 사이에 걸친 장단반도 논의 규모가 2019년에 "2,768만여 제곱미터"• 라는 사실을 나중에 알았다.

파주 옆 연천의 민통선을 넘어간 적이 있다. 지인이 밭을 구경시켜 준다고 해서 따라나섰다. "주의"라는 글자와 함께 "귀하는 지금 유엔사 군사정전위원회가 관할하는 비무장지대로 진입(접근)하고 있는 중임"이라고 적힌 간판이 보였다. 점점 남방한계선 가까이 가고 있었다.

차에서 내리자마자 나는 남방한계선 앞까지 판매용 잔디 농사를 짓고 있는 모습과 마주쳤다. 그 둘 사이의 거리는 군용 트럭 한 대가 지

• 《한겨레》 2021년 6월 2일자, "불법매립에 접경지 논이 사라진다"

남방한계선에서 약 1킬로미터 떨어진 도라산역 주변으로 모내기를 마친 논들이 보인다. 연천의 판매용 잔디밭과 남방한계선 사이는 차 한 대 정도가 지나갈 수 있는 거리다(2020년, 2021년).

나갈 수 있는 정도였다. 순간 생각했다. DMZ 인근까지 이용하는 평화가 그곳에 있었다.

한편 대성동 자유의 마을에 대해서 아는 바가 거의 없었다. 한국전쟁 중에도 사람이 살았기에 DMZ 내 두 개의 마을 가운데 하나로 존

2부 | 같은 듯 다른 듯

재한다는 사실, 약 50세대 150명 내외 주민의 거주 조건과 혜택, 그리고 인공기와 태극기 게양대 높이로 서로 경쟁했다는 냉전의 상징 이외에 다른 내용을 거의 읽어본 적이 없었다.

이런 몇 가지 지식만을 가지고 2020년 여름에 두 번 방문하여 마을 주민의 삶을 듣고 다녔다. 그해 초가을에 남방한계선을 넘어 대성동 자유의 마을에 다시 갔다. 가장 먼저 남긴 사진은 마을 전망대에서 바라본 개성공단의 전경이다.

불과 세 달 전에도 같은 곳을 찍었다. 이전 사진에 보이던 남북공동연락사무소는 이제 그 자리에 없었다. 남북 관계의 변화에 따라 앞으로 이 자리에서 어떤 장면들이 기록될지를 예측할 수 없는 상황이 답답했다.

몇십 분 뒤 마음이 바뀌었다. 꼭 함께 다녀야 하는 군인들의 안내를 받으면서 마을과 휴전선 사이를 걸어 다녔다. 논의 벼들이 익어가고 있었고 그 한복판에 농부가 일하는 모습이 보였다. 그 옆으로 개가 돌아다녔다. 이전 두 번의 방문 때에도 찍었던 농사짓는 풍경이었다.

이곳 마을과 휴전선 사이의 거리가 약 400미터다. 지금 저 논은 마을과 휴전선 중간에 있다는 사실을 깨달았다. 내가 서 있는 위치는 휴전선에서 200미터다. 철조망이 없는 휴전선까지 100미터 달리기를 두 번만 하면 닿는 지점에 내가 있었다. DMZ에서 평화를 봤고 휴전선 바로 앞에서 평화를 느끼고 체험했다.

마을주민은 약 2킬로미터 이내 거리의 북한 기정동 마을과 비슷한 시기에 모내기하고 추수했다. 그렇게 그들은 서로 바라보면서 살아왔

도라전망대에서 볼 수 있는 풍경은 태극기와 인공기, 개성공단과 송악산만이 아니다. DMZ 안과 밖으로 논과 밭이 있음을 알 수 있다. 하지만 이를 주목하는 글들을 나는 읽어본 적이 없다. 태극기가 위치한 지역이 DMZ이고 대성동 자유의 마을이다(2020년).

트럭이 있는 뒤편, 약 200미터 거리에 철조망 없는 휴전선이 지나가고 있다. 100미터 달리기를 두 번만 하면 그곳, 분단의 상징에 닿는다(2020년).

2부 | 같은 듯 다른 듯

다. 마을 전망대에 올라가서 다시 앞을 바라보니 상상의 날개가 끝이 없다.

철조망 없는 휴전선을 사이에 둔 삶의 터전이 있기에 낮에는 어쩌다 서로 인사하고 간혹 새참을 나눠 먹고 가끔 사이다와 담배를 건넬 수 있는 지리적 환경이자 무대로 보였다. 영화 《공동경비구역 JSA》(2000년), 《웰컴 투 동막골》(2005년), 《만남의 광장》(2007년)의 속편을 찍는다면 세트장이 따로 필요 없어 보였다.

휴전선은 새들만 넘나들지 않는다. 개가 한동안 안 보이다가 나타나면 저쪽 마을에 마실 갔다 왔다고 할 뿐이다. 두만강 사람은 농담 반 진담 반으로 개와 소가 넘어가는 것을 막기 위해 2006년 전후부터 철조망이 생겼을 뿐이라고 했다. 하지만 여기 사람들은 휴전선이 생긴 이후에도 철조망 없이 그렇게 살아오고 있었다.

새삼 2000년 조선족이 손에 담배 보루를 들고 두만강 건너의 북한 마을에 수영해서 갔다가 개 한 마리를 데리고 왔던 장면이 기억난다. 그때부터 약 20년 동안 그런 삶을 두만강과 압록강에서 기록하고 있는 나다. 연구자로서 다른 나라가 아니고 내가 거주하는 서울에서 가까운 또 다른 현장에 대한 욕심이 난다. 하지만 먼저 반성하게 된다.

DMZ에 대한 선입견과 틀에 얽매어 그동안 몰랐다. 아니다. 마을에서 약 1킬로미터 떨어진 판문점을 여러 번 방문하면서 그 풍경을 보았지만 이를 알려고 하지 않았다. 눈뜬장님이었다. 그렇지만 대성동 자유의 마을 주민은 영화가 아닌 현실에서, 그것도 DMZ 내에서 농사를 지어왔다. 한 마지기 200평만 있어도 소중하게 느껴지는데 그

대성동 자유의 마을 전망대에서는 개성공단과 인공기만이 아니라 휴전선과 마을 사이에 펼쳐져 있는 논이 시야에 들어온다(2020년).

규모가 "2015년 약 145만 평"*이다.

다른 곳도 아닌 휴전선과 남방한계선 사이인 DMZ라는 공간에 여의도 면적 약 두 배의 농지가 있다. 2019년 9월 문재인 대통령은 유엔 연설에서 DMZ를 국제평화지대로 만들자고 제안했다. 길지만 그대로 옮겨본다.

"한반도 비무장지대는 70년 군사적 대결이 낳은 비극적 공간이지만 역설적으로 그 기간 자연 생태계 보고로 변모했고, JSA, GP, 철책선 등 분

* 〈디엠지기 홈페이지〉, https://www.dmz.go.kr/korean/wantknow/freedom

　　　　　　　　　　　　　　　2부 | 같은 듯 다른 듯

단의 비극과 평화 염원이 함께 깃들어 있는 상징적인 공간이 됐다"며 "세계가 그 가치를 공유해야 할 인류의 공동유산"이라 평가했다. 그러면서 "비무장지대 안에 남·북에 주재 중인 유엔기구와 평화, 생태, 문화와 관련한 기구 등이 자리 잡아 평화연구, 평화유지(PKO), 군비통제, 신뢰구축 활동의 중심지가 된다면 명실공히 국제적인 평화지대가 될 수 있을 것"이라고 강조했다.[*]

그 이후 매년 DMZ와 관련되어 "세계 유산 등재"[**]를 위한 노력 또는 "생태의 보고이자 평화와 화합의 공간으로 바꾸는 길"[***] 등에 대한 논의가 이어지고 있다. 이번에는 다른 차원에서 답답하다. 이렇게 꿈꾸는 미래가 현재 DMZ에 있는데 그 현장에 대한 이해와 관심은 찾기가 힘들다.

"평화지대"를 이루고자 하는 내용의 결정체가 이미 있다. 내 눈에는 DMZ 내 대성동 자유의 마을 주변, 농사짓는 논과 밭과 과수원에 다 모여 있다. 나는 국제평화지대를 만드는 과정에 숟가락 하나를 올려본다.

두 마을주민부터 농사일을 함께하기 시작한 뒤 일손이 모자란다는 핑계로 타지의 남북사람들이 동참하는 것이다. 이렇게 판을 키우기 위해서는 선결과제가 있다. 북한과 달리 한국은 휴전선 통과 및 DMZ 출

---

* 《전자신문》 2019년 9월 25일자, "비무장지대를 국제평화지대로"
** 《서울신문》 2022년 1월 9일자, "경기 DMZ 세계유산 등재 추진"
*** 《오마이뉴스》 2021년 12월 17일자, "남북 공유 문화유산 인문학"

사람들이 중국 단둥역에서 북한 평양행 국제 열차를 기다리고 있는 풍경이다. 열차는 사람만 타지 않는다. 한국 서울에서 보낸 물건이 승객들의 가방과 손을 통해서 평양에 도착하곤 했다. 최소 이틀이면 충분하다. 1992년 한·중 수교 전후부터 이 열차는 그 역할을 담당해왔다(2006년, 2019년).

입을 하기 전에 유엔사의 승인을 받아야 하는 난제*를 해결해야 한다.

　그래도 남북의 사람들이 두 마을의 논에 모여서 모내기하는 모습을 그려봤다. 이는 세계유산 등재를 위해서 조사하지 않아도 된다. 기구

---

* 박명규, 2015, 「개성공단 실험과 한반도형 통일모델」, 『개성공단』, 진인진, 370쪽.

를 만들기 위해 시일이 필요한 일이 아니다.

봄이 오면 모내기하고 가을이면 추수하기 위해서 휴전선 언저리에 모이면 그만이다. 각자의 논에서 일하다가 휴전선 주변의 나무 그늘 밑에서 새참을 나눠 먹으면 그것으로 충분하다. 서로 모내기 시기가 맞지 않으면 더 좋다.

처음에는 기정동 마을에 가서 하고 며칠 뒤 대성동 자유의 마을에서 하면 된다. 그럼 한 번이 아니고 두 번을 만난다. 이를 두레라고 배웠다. 여기에 풍악과 설렁탕이 더해지면 이보다 더 좋은 분위기는 없을 것 같다. 삶의 터전과 살아가는 모습 그 자체에 관심이 있는 인류학 길을 선택하기를 잘했다.

두만강과 압록강을 사이에 두고 품앗이하는 사례를 기록하던 나로서는 철조망 없는 휴전선 현장에 바탕을 둔 상상을 마음껏 하니 행복하다. 농사는 모내기와 추수만 하면 끝이 아니다. 여름과 겨울에도 함께할 일은 널려 있다.

나는 휴전선을 사이에 두고 코앞에서 마주 보면서 북한사람과 한국사람이 70년 넘게 농사짓는 들판을 봤다. 남북 공존의 길을 앞당기고 멈추지 않게 할 수 있는 두 마을의 거리가 2킬로미터 이내다.

평화로 가는 공간에 대한 꿈이 현실로 바뀔 수 있음을 목격할 수 있는 논과 밭이다. 서울도 아닌 민통선 이남 지역도 아닌 남방한계선 밖도 아닌 DMZ 안이다. 그곳에서 사람들이 삶의 터전을 일구고 있는 한국 사회다.

오늘 도라산역에 갈까?: 서울-평양 열차 연결 이전에

통일대교 너머엔 남북 관련 역사의 현장으로 가는 길들이 있다. 2000년대 이전에는 1번 국도뿐이었다. 2000년대 초중반부터는 경의선 철로와 육로가 추가됐다. 파주 DMZ와 민북 지역에서 남북을 연결하는 통로는 하나에서 세 갈래로 다양해졌다.

구체적으로 살펴보겠다. 통일대교는 1번 국도로 이어진다. 그 길을 따라 북쪽으로 가면 남방한계선 너머 대성동 자유의 마을을 만난다. 2018년 4월, 문재인 대통령이 남북정상회담을 위해 판문점으로 가던 길이다.

남방한계선 언저리의 JSA 부대를 가기 전에 좌회전해서 달리면 개성공단으로 가는 길목이자 남방한계선 앞에 있는 CIQ, 즉 남북출입사무소가 보인다. 노무현 대통령이 2007년 10월 평양에 갈 때 자동차를 이용했던 그 길이다.

통일대교에서 여기까지는 2019년 조성된 DMZ 파주 평화의 길과 일정 부분 겹친다. 평화의 길은 민통선 이남인 지역(생태탐방로)에서 약 1.3킬로미터는 도보로 가고, 민통선 이북과 남방한계선인 통문을 통과해서 DMZ 내 철거 GP까지는 차량으로 이동한다.

이 길을 개방할 때 "민통선 내부라는 특성상 안전을 고려하여 출입 인원을 제한"*했다고 한다. 하루에 두 번, 회차별 스무 명 정원이다. 그

---

* 이정훈, 2019, 『한반도 신경제구상과 경기 북부 접경지역 발전 전략』, 경기연구원, 188쪽.

런데 "민통선 내부", 즉 남방한계선까지는 비포장도로가 아닌 아스팔트 왕복 4차선이다. 도로 위에 지뢰가 있어 보이진 않는다.

통일부 홈페이지 "남북 차량 왕래 현황" 통계표*의 경의선도 이 길이다. 2003년부터 2020년까지의 현황은 171만 5,285대다. 평균의 함정이 있지만 매년 약 10만 대가 남북을 왕래하면서 다니던 길이다.

그중에는 "(민간단체들이 북한과의 협의를 위해서) 개성을 갈 때는 공단 출입 차량처럼 자기 차를 직접 운전해서 들어갔다가 그날 바로 나올 수"** 있었던 예도 포함돼 있다. 그렇게 차들이 민북 지역을 약 17년 동안 다니고 있는데 2020년 전후에는 평화의 길에 안전을 고려한다.

남북출입사무소의 차량 게이트 앞에서 우회전을 두 번 연속으로 하면 제3땅굴과 도라전망대로 가는 길로 접어들게 된다. 반대로 좌회전하면 경의선 철로가 지나가는 도라산역이 보인다. 통일대교에서 약 6킬로미터다.

도라산역은 한반도 통일 염원을 상징하는 공간으로 널리 알려졌다. 2000년 경의선 복원공사를 착공하고 2002년 김대중 대통령과 조지 W. 부시 미국 대통령이 이 역에서 연설하고 철도 침목에 서명하는 행사를 한 뒤부터다. 남북철도 관련 기공식과 착공식이 있을 때마다 주목받는 공간이다. 2007년과 2008년 화물 열차가 북한 개성공단(판문역)까지 갔다가 오던 그 기찻길 중간에 역이 있다.

---

* 〈통일부 홈페이지〉, https://www.unikorea.go.kr/unikorea/business/
** 이기범, 2018, 『남과 북 아이들에겐 철조망이 없다』, 보리, 22~23쪽.

역 내의 광고판과 전광판에는 "남쪽의 마지막 역이 아니라 북으로 가는 첫번째 역입니다."와 "앞으로 한국철도가 시베리아 철도, 중국철도와 연계되는 날, 도라산역은 대륙을 향한 출발점으로 그 의미를 다시 부여받게 될 것입니다."라는 문구들이 새겨져 있다. 역의 존재 이유를 두 문장이 함축하고 있다.

이처럼 도라산역은 단순한 간이역이 아니다. 남북 교류와 평화를 염원하고 대륙 횡단 철도 연결의 꿈을 이야기하는 한국 사회의 바람이 묻어나는 공간이다. 그렇지만 그곳에는 다른 모습도 존재한다. 역 내는 사람들로 북적이기보다는 텅 빈 시간이 더 많다. 이런 역을 갈 때마다 나는 한국 사회가 이 역을 홀로 외롭게 두고 있다는 생각을 떨쳐버릴 수가 없다.

어떻게 보면 당연한 일이다. 도라산역은 민북 지역이자 남방한계선 철조망에서 약 700미터 떨어진 위치에 있다. 남북철도가 연결되지 않는 상황임을 생각해야 한다.

새마을호나 통근열차가 도라산역까지 운행한 시기가 있고 평화열차인 DMZ-Train이 오간 적이 있다. 기차의 종류는 바뀌어왔고 제한된 인원이 이용하곤 했다. 표를 구매할 때 신분증이 필수다. 그리고 다른 절차가 또 있다. 이는 크게 변해오지 않았다.

2021년 12월에 수도권 전철인 경의중앙선이 연장됐다. 그때의 도라산역 방문 이야기가 담긴 글을 읽으면 역에 도착하기 전의 절차를 알 수 있다. 같은 민북 지역을 넘나드는 임진각 평화 곤돌라를 탈 때처럼 보안각서는 쓰지 않아도 되지만 출입 신청서를 미리 제출해야 한다.

도라산역 전경이다. "남쪽의 마지막 역이 아니라 북쪽으로 가는 첫번째 역입니다."라는 상징 문구만이
역을 지키는 날들이 많다. 서울–평양 열차 연결 이전에도 이 역에 사람들이 붐빌 때, 남북 평화는 성큼
다가와 있지 않을까?(2020년, 2020년)

문서 제목만 다를 뿐 민북 지역에서의 통제 규정 내용은 차이가 없다.

도라산역에 도착해서도 제약이 따른다. [...] 도라산역에 직원들이 나
와 승객들이 역 광장 바깥이나 출입 금지 구역으로 가지 않도록 계도하
기도 했다. 역 광장 곳곳에는 사진 촬영 금지 구역이라는 표시가 붙어
있기도 했다. [...] 도라산역까지의 전철 운행 역시도 토요일과 일요일,
공휴일에 하루 한 번으로 제한되는 데다, 코로나19 때문이기는 하지만

[...] 50명의 승객에 한정해 탑승이 가능한 점도 아쉽다.[*]

이처럼 임진강을 넘어 기차를 타고 도라산역에 갈 수 있다. 그 이외에 다른 방법은 대표적으로 두 경로가 있다. 개인은 임진각에서 도라전 망대와 제3땅굴과 연계된 관광버스를 이용해야 한다. 아니면 일정 인원을 넘긴 단체에서 대여한 버스를 타고 가기도 한다.

이때 핵심은 통일대교 검문에 필요한 신분증 지참이다. 자가용으로 가는 방법은 없다. 누구나 언제든지 가족 여행 혹은 데이트 삼아 두세 명이 갈 수 있는 공간이 아니다. 그렇게 갈 수 없는 역이다.

임진각에서 개인이 표를 끊고 버스를 타는 사례, 소위 "안보 관광은 김대중 정부 시절인 2002년"^{**}에 시작됐다. 2009년에서 2013년까지 5년 남짓 중단된 적도 있다. 기본 일정에는 도라전망대와 제3땅굴과 함께 체험 성격과 결이 다른 도라산역이 포함되곤 했다. 이와 관련해 2002년부터 2019년 사이의 기사를 검색하면 대부분 "안보 관광"이라고 부르고 있다.

코로나19로 재개 및 중단을 반복하던 2020년 가을부터 임진각 매표소 명칭이 바뀌어 있었다. 이름하여 "평화 관광"이다. 일정이 축소됐다. 2022년 4월 현재, 도라산역은 빠져 있다. 안보 관광이라고 부를 때는 방문하다가 막상 평화 관광이라고 부르자 역에 가지 않는다.

_* 《오마이뉴스》 2021년 12월 24일자, "통일로 가는 가장 가까운 전철역"
_{**} 《국민일보》 2013년 6월 10일자, "DMZ 안보 관광 500만 명 눈앞"

붕어빵에 붕어가 없는 상황에 직면한 도라산역인 셈이다. 평화를 추구하던 김대중 정부 때에 안보 관광이 시작됐다. 평화를 말하는 문 재인 정부 시절에는 그 역에 가지 않는다. 도라전망대와 제3땅굴만 가고 있다.

현장과 정부 목소리가 다르다. 엇박자일까? 도라산역은 안보와 평 화가 공존하는 공간일까? 한국 사회에 안보(분단)와 평화(교류)의 경계 는 어디일까?

서울역에서 출발한 기차가 도라산역에 잠시 정차한 뒤 평양역으로 향하는 날이 빠를까, 아니면 민통선을 통과할 때 복잡한 검문이 없어 지거나 훌쩍 떠나고 싶은 마음에 통일대교에 도착해서 간단한 절차만 으로 도라산역까지 직접 운전해서 갈 수 있는 날이 더 빨리 찾아올까?

후자의 예는 개성공단과 평양으로 가는 기차를 연결하기 전, 한국 사회가 할 수 있는 일이다. 한국 사회의 의지만 있다면 가능하다. 민북 지역 전체가 아니고 민통선을 넘어 남방한계선 앞 역까지 가는 길만 이라도 마음 놓고 다니도록 변화를 이끌 수 있다. 가만히 생각해봤다. 이는 도라산역을 만들어놓고 약 20년 동안 한국 사회가 만들지 않은 방법이다.

그렇게 살아오면서 2020년 전후의 한국 사회는 무엇을 했을까? 북 한의 협력이 전제조건이자 필수인 남북철도 연결과 DMZ 활용에 만 관심을 기울이고 제안하고 있다. 그 모습과 목소리들이 나에게는 어색하게 다가온다. 그렇게 하지 않은 이유에 대해서 안보를 고려해 야 하는 민통선과 남방한계선 그리고 DMZ 때문이라고 말하면 답이 될까?

한동안 이 지역을 연구한다는 특별한 이유 덕분에 파주 임진강 언저리에서 이런저런 생각을 하곤 했다. 나는 민통선 혹은 남방한계선까지도 일상적으로 넘나드는 사람들의 존재를 알게 됐다. 하지만 임진강을 바라볼 때마다 아쉽다는 느낌이 들었다.

한국 사회에 살면서 이 지역에 누구나 언제든지 와서, 아니 한 명이라도 더 임진강 풍경을 북쪽 강변에서 바라볼 수 있다면 그 자체가 평화라는 생각이 들었다. 이렇게 할 수 있는 어떤 계기가 있을까를 고민하곤 했다. 그날이 쉽게 오지 않을 것이라는 예감이 함께 따라왔다.

긴 세월 동안 그렇게 살 수밖에 없게 만든 안보라는 큰 산과 벽이 민북 지역과 남방한계선 사이에 버티고 있음이 보였다. 이를 넘기에는 참 벅찬 한국 사회에 내가 살고 있음도 현실이라고 여겼다. 그때 생각이 짧았음을 깨닫게 하는 기사를 접했다.

(2021년) 덤프트럭이 총 1,597대, 출입 횟수는 7,734차례에 이르는 것으로 드러났다. 6월에만 덤프트럭이 6,089번 민통선 이북 지역을 드나들었다. [...] 8월 중순까지 2만 대 넘는 덤프트럭이 파주 민통선을 드나들면서 흙과 폐기물을 나르며 논 습지를 매립한 것으로 보고 있다.[*]

버스와 기차만으로, 그것도 제한된 횟수와 인원만이 도라산역에 갈

---

[*] 《한겨레》 2021년 10월 6일자, "민통선 너머 덤프트럭"

수 있는 한국 사회였던 2021년 봄과 여름이다. 그 시기에 2만 대 넘는 덤프트럭이 민통선을 넘나들었다. 통일대교(혹은 전진교)를 넘는 트럭의 규모는 도라산역까지 자가용으로 갈 수 있는 날이 어떻게 하면 빨리 올 수 있는지를 알려주고 있었다. 트럭도 넘는데 자가용은 왜 안되냐고 말하고 있었다.

서울–평양 열차 연결 이전에도 친구에게 지금 도라산역에 가자고 이야기할 수 있을 때, 통일대교에서 역까지 걷고 달리고 자전거 타는 행사를 기획하고 진행할 때 "남쪽의 마지막 역이 아니라 북으로 가는 첫번째 역입니다."라는 도라산역의 상징 문구는 한국 사회에 더 큰 울림으로 다가오지 않을까? 나에게 던지는 질문은 2021년 12월 정부의 업무보고 내용을 읽은 뒤에도 이어졌다.

통일부가 지난 4년 반 동안 한반도 평화 프로세스 재가동에 있어 국민적 기대에 미치지 못했다고 반성했다. [...] 국민이 일상에서 남북 화해·평화를 체험할 기회가 부족했다는 평가다. [...] "2030 미래세대를 대상으로 한 평화와 통일문제에 대한 이해나 관심 제고 노력도 강화하겠다"라고 했다.*

더도 말고 덜도 말고 트럭이 다녔던 봄과 여름만, 아니면 일 년에 며칠만이라도 자가용을 타고 도라산역에 갈 수 있는 날이 오면 남북철

• 《뉴스1》 2021년 12월 23일자, "한반도 평화, 국민 기대 미치지 못했다"

도 연결과 DMZ 활용에 대한 목소리에 힘이 실리지 않을까? 한국 사회가 "2030 미래세대"에게 당당하지 않을까?

도라산역이 더는 외롭지 않고 한국 사회의 일상 속으로 들어올 때, 일상적으로 들러서 남북 화해·평화의 공간을 체험할 때 평양행 기차표와 DMZ의 평화 밑그림은 사람들에게 한걸음 다가올 것이다. 평화에 대한 이해는 백 마디 말보다 북적이는 도라산역에 있는 것이 아닐까?

3부

남북 교류와 만남의 공간, 중국 단둥:
공존과 공생이 일상에 스며들다

2019년에 낸
『압록강은 휴전선 너머 흐른다』:
이후를 기록하기

남북 교류와 만남의 달력을 만들다

2018년 4·27 판문점 남북정상회담과 그해 9월 평양 남북정상회담의 표어는 "평화, 새로운 시작"과 "평화, 새로운 미래"였다.[*] 둘 다 평화와 미래가 담겼다. 2020년 이후에도 평화라는 단어는 내 주변에서 넘쳐 났다.

평화에 동사인 그리다, 말하다, 만들다, 열다, 소망하다, 걷다, 준비하다, 두드리다, 상상하다, 쓰다, 꿈꾸다, 품다, 생각하다, 만나다, 기원하다, 묻다, 답하다 등으로 표현을 달리한 세미나 혹은 행사를 알리는 이메일과 기사를 접하곤 했다.

물론 평화의 앞과 뒤에 붙는 형용사와 다른 명사도 있다. 지속 가

---

[*] 《뉴스1》 2018년 9월 27일자, "평양정상회담 표어"

능한 또는 봄이 대표적이다. 실물은 보지 못했지만, 통일부가 제작한 2022년 달력 표지엔 "평화를 쓰다, 통일을 그리다"라는 문구가 새겨져 있다고 한다. "남북 관계 관련 업무에 참고해야 할 북한의 주요 일정 등"●이 담겼다는 기사를 읽고 나서 세번째 책을 뒤적거렸다.

책에는 2019년을 기준으로 세월의 흐름을 다룬 대목들이 있다. 이를 참고삼아 약 3년이 흐른 현재 남북 교류와 만남과 관련해 어떻게 평화롭게 지내왔는지 아니면 조금은 다르게 살아왔는지를 살펴보고자 마음먹었다. 나만의 2022년 달력을 만들기 위한 기초 자료를 모아봤다.

이를 정리하고 보니 한국 사회가 지난 몇 년 동안 동사만 바꿔가면서 평화를 떠올렸음이 보였다. 평화와는 거리가 있는 시절이 그대로 이어지고 있었다. 변한 바가 없기에 연도와 숫자만 바꿔도 상황은 그대로라는 잠정 결론을 내렸다.

세번째 책의 표현 중 내용을 그대로 옮겼다. 연도를 2019년에서 2022년으로, 세월의 숫자는 3년을 더해서 바꿔봤다. 2022년 현재, 한국 사회의 모습을 보여주고 있었다.

5·24 조치(2010년)가 여전히 통일부 홈페이지●● 화면을 채우는 것이 한국 사회다. 그렇게 살아온 것이 약 12년이다.●●●

● 《연합뉴스》 2021년 12월 31일자, "통일부 달력 맹비난"
●● 〈통일부 홈페이지〉, https://www.unikorea.go.kr/unikorea/business/statistics/
●●● 강주원, 2019, 『압록강은 휴전선 너머 흐른다』, 눌민, 34쪽 참고.

2022년 현재 한국 사회에는 북한을 고난의 행군 시기인 1990년대 중후반으로 바라보는 관점이 고정관념이 되어 존재한다. 하지만 그것은 약 28년 전후 과거의 북한 사회이지 지금 모습이 아니다.*

2006년 10월부터 2017년 12월까지만 고려해도 총 10회에 걸친 유엔 안보리 제재와 2010년 5·24 조치 속에서 한국 사회는 살아왔다. 그 기간에 해당하는 지난 약 12년 동안 신의주에는 도시의 스카이라인이 올라가고 있었다. [...]북한 경제에 대한 압박과 단절의 상징인 대북 제재 약 16년 동안이다. 그것이 의미하는 바가 무엇인지 고민하는 한국 사회인지 나는 모르겠다. 단둥은 평양과 서울이 연결된 도시다.**

짐 로저스(로저스홀딩스 회장)가 2016년에 언급한 "향후 20년" 가운데 이미 약 6년이 거의 흘러갔음을 생각했다. 2022년에도 여전히 한국 사회는 그 지역(한반도·중국·러시아 3국의 접경)과 한반도 연결의 가능성을 보여주는 청사진에 주목한다.***

통일부는 5·24 조치에 대해서 "실효성이 사실상 상당 부분 상실하였으며, (남북) 교류 협력 추진에 장애가 되지 않는다."****라고 말하고

• 강주원, 2019, 『압록강은 휴전선 너머 흐른다』, 눌민, 138쪽 참고.
•• 강주원, 2019, 『압록강은 휴전선 너머 흐른다』, 눌민, 225-226쪽 참고.
••• 강주원, 2019, 『압록강은 휴전선 너머 흐른다』, 눌민, 258쪽 참고.
•••• 〈통일부 홈페이지〉, https://www.unikorea.go.kr/unikorea/business/cooperation

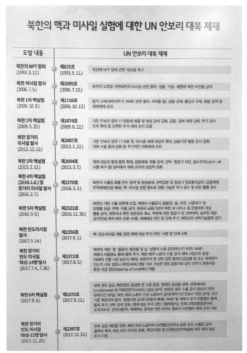

"북한의 핵과 미사일 실험에 대한 UN 안보리 대북 제재" 연표다. 본격적인 대북 제재는 2006년부터다. 나는 2000년대 초반부터 중국 단둥에서 북한 신의주 전경을 기록하고 있다(2022년, 2004년, 『압록강은 휴전선 너머 흐른다』에서 재수록).

3부 | 남북 교류와 만남의 공간, 중국 단둥

한국 사회가 약 16년 넘게 대북 제재라는 단어를 말하는 동안, 북한 신의주는 변화해왔다. 이 차이에서 무엇을 읽고 고민해야 할까? 2022년 사진은 단둥 지인이 보내주었다(2016년, 『압록강은 휴전선 너머 흐른 다』에서 재수록, 2018년, 2022년).

있다. 하지만 이는 12년째 그 이름 그대로 통일부 홈페이지에 과거가 아닌 현재의 위치를 차지하고 있다.

북한 경제에 대한 고정관념은 28여 년 전의 인식에 뿌리를 두고 이어지고 있다. 북한의 코로나19 상황에 대한 정확한 정보조차 반영하지 못하고 있다. 그런 여건 속에서 대북 제재는 매번 강화되어 요지부동 그 자리를 16년째 지키고 있다.

짐 로저스는 2022년에도 세계 3대 투자가이자 북한 전문가의 자 격으로 초청받았다. 평창 평화 포럼, 여야의 국회의원들이 주최한 남북 평화 세미나 등에서 강연했다. 주제는 "한반도 평화와 경제발전"[*]이다.

짧게는 3년 넘게 평화를 내세우면서 한국 사회는 어떻게 살아왔던 것일까? 평화라는 단어 앞과 뒤에 붙었던 형용사와 동사들의 의미가 공허하게 다가온다. 이를 코로나19 탓으로 돌리고 싶어졌다. 그렇지만 그것이 다는 아닐 것이다. 한편 달력에 담을 내용이 더 있다.

과거가 현재로 이어지는 압록강의 강물을 품고 바라보면 거기에는 남북의 미래, 그 길로 나아가는 힘이 있다. 그 모든 걸 떠나 단둥에는 북한사람과 한국사람이 있다. 함께 어울려 살며 (1992년 한·중 수교 전후부터) 30년이 넘어가는 애증 관계를 쌓아가고 있다. 한국 사회에서는 없는 경험의 깊이다. 더 이상 어떤 설명이 필요한지 나는 모르겠다.[**]

---

[*] 《쿠키뉴스》 2022년 2월 21일자, "짐 로저스, 국회 남북 평화 세미나 참석"
[**] 강주원, 2019, 『압록강은 휴전선 너머 흐른다』, 눌민, 273쪽 참고.

이 또한 세월의 숫자만 바뀌고 내용은 같다. 다만 보충 설명이 필요한 변화가 있다. 중국 단둥에서 한국사람은 줄어들었고 북한사람은 늘어났다. 한국에서 중국에 가기 힘들어졌고 중국에서 북한으로 돌아가지 못하는 상황이 연출됐다. 이는 코로나19 변수의 영향이 맞다. 이로 인해 애증 관계는 덜 쌓이고 경험의 깊이가 얕아졌으나 한반도 밖인 단둥에서 남북의 만남은 비대면과 대면으로 이어졌다.

달력에는 기억하고자 하는 역사와 확정된 미래가 담긴다. 그런데 2019년에 이어서 2022년 현재에도 기념일이 되지 못하는 날이 있다. 여전히 달력에 채울 수 있는 날을 기약 없이 기다려야만 한다. "(2000년대) 그 시절처럼 평양에 한국 관광객이 가는 날은 언제로 기록될까?"*에 대한 답은 불투명하다.

한국 어린이들이 평양을 경유해 백두산에 올라가는 모습을 다시 볼 수 있는 날은 아직 정해지지 않았다. "(민간 교류가 활성화되는 순간에 대한 대북사업가의 기다림은) 가깝게는 문재인 정부 출범, 멀게는 2010년 5·24 조치부터 시작된 긴 기다림이었다."**의 마침표를 달력에 아직 표시하지 못하고 있다. 자료를 정리할수록 연도 혹은 월이라도 확정되었으면 하는 속마음을 감출 수가 없다.

---

* 강주원, 2019, 『압록강은 휴전선 너머 흐른다』, 눌민, 77쪽.
** 강주원, 2019, 『압록강은 휴전선 너머 흐른다』, 눌민, 97쪽.

그때 그 시절, 남북은 그렇게 살았다

2018년 12월, 남북철도 착공식이 있었다. 그 이후 집에 새해 달력을 네 번이나 걸었으나 "(2019년 가을) 남북철도 연결식 날짜는 당겨지지 않고 점점 달력 뒤쪽으로 넘어가고 있다."*라는 문구를 2022년 상반기에도 반복해서 남겨야 하는 상황이다.

"2019년 남북 관계는 봄과 여름이 다르지 않았다. 가을에 접어들어도 휴전선은 열리지 않았다."**에는 2022년 봄이 다르지 않고 휴전선은 열리지 않았다고 추가할 수밖에 없다. 달력을 채우는 작업을 잠시 멈추고 통일부 홈페이지에서 "남북 교류 협력"을 찾았다. "5·24 조치의 이행"이라는 소제목 아래에 적힌 내용이다.

정부는 남북 간 호혜적인 협력 공간을 만들기 위한 창의적 접근 방법으로 대북 제재에 해당되지 않는 물품을 남북이 상호 주고받는 물물교환 방식의 '작은 교역'을 허용하기로 하였다. 즉, 민간 교역업체가 북한의 주류·생수 등의 대북 제재에 해당하지 않는 물품을 반입하고, 이에 대한 대가로 북한이 필요로 하는 의약품, 생필품 등을 지급하는 방식으로 추진하되 향후 여건이 조성되면 일반교역도 재개해 나갈 계획이다.***

• 강주원, 2019, 『압록강은 휴전선 너머 흐른다』, 눌민, 131쪽.
•• 강주원, 2019, 『압록강은 휴전선 너머 흐른다』, 눌민, 267쪽.
••• 〈통일부 홈페이지〉, https://www.unikorea.go.kr/unikorea/business/cooperation/trade

다시 읽었다. "남북 간 호혜적인 협력 공간"과 "창의적 접근 방법"이 궁금해졌다. "대북 제재에 해당되지 않는 물품"에서 제재의 장벽을 허물기보다는 돌아가는 방법을 택했다고 생각했다.

"작은 교역"에서는 "작은"이라는 형용사에서 읽을 수 있는 통일부의 의도와 고민은 알겠으나 마음에 걸렸다. 남북을 떠나 사람들의 교류와 만남엔 말 한마디가 중요하다. 많은 단어가 있는데 하필이면 "작은"을 택했을까?

"북한의 주류·생수 등"은 대북 제재에 해당하지 않았다. 이것이 "창의적 접근 방법"임을 처음 알았다. "북한이 필요로 하는 의약품, 생필품"에서는 다시 한번 "필요로 하는"이 마음을 불편하게 했다. 이는 북한에 부족한 물품임을 전제로 하는 것일까? 이것이 "남북 간 호혜적인 협력"인지 지나가는 누구에게나 묻고 싶어졌다. 그때 다음 기사가 눈에 들어왔다.

남북 관계 경색과 코로나19 확산에 따라 남북교역 규모가 크게 감소했다. [...] 북한에서 국내로 들어오는 반입 물품의 금액도 [...] 2020년 7,000달러(2건)로 급감했다. 지난해(2020년) 반입 물품은 금강산 생수 1만 5,000킬로그램(6,000달러)과 소주 248킬로그램(1,000달러)이다.[*]

이번에는 코로나19를 탓해야 하는지, 12년째 5·24 조치를 그대로 두

---

[*] 《중앙일보》 2021년 10월 4일자, "북한에 의료·방역물품 주고"

2020년 공식적으로 유일하게 한국에 들어온 북한제품은 사진 속, 술과 생수뿐이다. 2년 넘게 이들을 마시지 못하고 보관만 할 것이라고 나는 생각하지 못했다. 이는 코로나19 때문일까? 1991년도에도 북한 술은 한국 사회에 판매되었다(2022년).

고 있는 한국 사회와 정부를 원망해야 할지 망설였다. 그때 생각이 났다. 위에 언급한 생수와 소주는 지인에게 몇 병 받았던 그 제품이다.

　마시고 나누고 싶었지만 차마 모두 비우거나 선물하지 않았다. 2년이 넘도록 각각 한 병이 내 책장의 한 자리를 차지하고 있었으나 정부의 공식적인 통계에 잡힌 "작은 교역"의 결과물임을 모르고 있었다. 물론 남북 관련 통계들이 어떤 현상과 상황 전부를 담지 못하는 경우가 있다.

　공식과 비공식 또는 통계에 포함되거나 포함되지 않는 남북 교류와 만남을 나는 세 권의 책에 남겼다. 이런 연구 과정의 연장선상에서 한반도 안(휴전선)과 밖(제3국)에서 실천하고 있는 남북 교류와 만남을 네번째 책에도 담고자 사례를 모아왔다.

그 자료들과 함께 2020년 공식적으로 북한에서 한국으로 들어온 단 두 건의 그 생수와 소주를 바라봤다. 옛 기록들이 떠올랐다. 2000년대 중후반에는 다양한 북한 술을 사고 마시기도 했던 한국 사회다.

서울에서 대동강 맥주, 평양 소주를 사는 일이 가능했다. 인터넷으로 대동강 맥주를 주문하면 3~4일 만에 받을 수 있었다. [...] 관세청에 따르면 북한의 맥주 수입이 가능해진 2004년부터 2011년까지 8년간 국내 유입된 북한 맥주는 210톤에 달한다. [...] 약 32만 9,000병을 마셨다. [...] 소주로 대표되는 증류주 수입은 565톤으로 맥주보다 더 많았다. [...] 북한 발효주는 약 694톤 [...] 2010년까지 남한에 반입된 북한 제조 라이터 규모도 7,920톤 [...] 개당 40그램씩 계산하면 1,980만 개의 라이터가 수입된 셈이다.*

2004~2011년 동안, 한 해 평균 약 184톤의 북한 맥주, 소주, 발효주가 한국에서 판매됐다. 2020년의 248킬로그램과 비교하면 약 736배다. 매년, 0.5리터 기준으로 약 37만 병이다. 8년을 합하면 약 300만 병이다.

---

* 《머니투데이》 2018년 4월 18일자, "공존의 한반도"

중국 단둥에서는 북한 술을 팔고 있다. 그 도시 식당에서 북한사람들이 한국 소주를 마시고 떠난 자리다.
30년 넘게 남북의 사람들은 한반도 밖에서 이렇게도 살고 있다(2016년, 2016년).

2010년대 초반, 북한 평양에서 제작한 수예품이 중국 단둥을 경유해서 한국 서울에 도착하곤 했다. 이러한 경로를 거친 수예는 작품만 있는 것이 아니다. 한복과 이불 그리고 인사동 거리의 상점에서 판매된 상품에도 쓰였다(2012년, 『나는 오늘도 국경을 만들고 허문다』에서 재수록).

2016년, 북한 평양에서 만들어진 의류들이 한국에 판매되었다. 그렇다면 2010년 5·24 조치 이전에 한국 가정의 옷장에는 북한사람의 손길이 닿은 의류들이 얼마나 있었을까?(2016년)

소설가 박완서의 소설 제목을 빌려 묻는다. "그 많던 북한 술은 누가 다 먹었을까?" 술잔을 기울일 때에 평화도 음미했던 그 기억과 경험은 다 어디로 사라졌을까?

편의점 계산대 앞에 서면 누구나 볼 수 있었던 라이터도 있다. 그 당시 한국에서 판매될 때 "Made in D.P.R.K."•가 찍혀 있었다. 1,980만여 개다. 위의 물건들이 소비되던 시기는 인류학도로서 약 15개월 단둥에서 참여관찰을 했던 2007년 전후와 겹친다.

그때 단둥사람들은 "한국 흡연가 중에서 북한산 라이터를 안 써본 사람이 없다."라는 말을 내게 들려주곤 했다. 휴대용 라이터를 한국에서 주문하면 북한에서 원산지를 표시해 생산하고 한국에서 소비했다. 그 연결고리는 중국 단둥이었다.

한국에 들어왔던 북한 맥주, 소주, 발효주, 라이터의 양을 계산하고 나서 다시 깨달았다. 대북 사업가들의 무용담 그리고 북한산 거래 품목과 규모가 허풍만이 아니었다. 앞에서 언급한 2020년 북한에서 반입한 단 두 건의 생수와 소주도 휴전선을 넘지 않았다. 중국을 경유해서 한국에 도착했다.

이뿐만이 아니다. 2000년대 그때 그 시절에는 농수산물, 아동 한복, 수예품, 신발, 등산복 등이 개성공단뿐만 아니라 다른 지역의 북한 공장에서 생산되어 한국에 들어왔다. 평양과 신의주가 대표적이다. 일방통행만 있지 않다. 북한으로 간 물건도 다양했던 시기다.

• 《조선일보》 2005년 4월 25일자, "안방 파고드는 메이드 인 북한"

한국 사회는 북한에서 온 맥주와 소주를 음미했다. 북한 사회는 한국에서 간 초코파이와 커피믹스 맛을 느꼈다. 한반도에 시원하고 독하고 달고 부드러움이 녹아들었던 때다. 이 장면들이 작지만 소중한 평화가 아닐까? 남북은 그렇게 살았다. 2000년대 중후반의 한반도 이야기다.

여기서 짚고 넘어가야 할 대목이 있다. 북한 술이 2004년부터 한국 사회에 들어왔다고 기록하고 있는 위 기사의 내용이다. 사실은 이때부터가 아니다. 10년 넘게 거슬러 올라가야 한다.

1993년에도 "유명 백화점을 비롯해 시중에서 판매되고 있는 북한 술"*에 대한 기사들이 검색된다. 자료를 더 찾다 보면 1988년에도 한국 사회에 북한 제품이 등장한다. 서울 올림픽이 열린 해다.

88년에 1천 톤을 들여온 동태는 지난 연말(1991년) 총 2만 5,500이 우리(한국) 식탁에 올랐으며 감자도 1만 9,500톤 [...] 냉동 홍어는 2,400톤, 땅콩은 [...] 2,300톤이 들어왔으며 조기도 1,200톤이나 반입돼 이중 명절 차례상에 오른 양도 상당할 것으로 추정된다. 한약재도 13종에 1,900톤 [...] 호도와 고추는 각각 1,400톤, 1천 톤 [...] 송이버섯과 팥, 녹두, 도토리, 메밀, 고사리는 물론 복어, 오징어, 가자미, 북어, 골뱅이, 바지락 등도 각각 300~100톤이 들어와 우리 밥상에 올랐다. [...] 개성 인삼주가 11만 병 [...] 맥주, 소주, 뱀술 등 1만여 병과 함께

---

* 《연합뉴스》 1993년 9월 17일자, "추석 선물용으로 북한(北韓) 술"

메뚜기까지 230톤 [...] 고구마 줄기와 함께 문어, 염장 명란, 건해삼, 소라, 바다가재 등도 수십 톤씩 웬만한 농수산 식품은 거의 다 들어와 남한의 식탁에 등장했다.[*]

1991년, 북한산 동태 2만 5,500톤 중에 고등학생이었던 내가 먹었던 동태는 몇 마리였을까? 취향이 아니라서 냉동 홍어는 분명히 먹지 않았다.

남북의 사람이 어색하게 한 밥상에서 깻잎을 먹는 장면을 영화의 상상력으로 다룬 《모가디슈》가 2021년에 개봉됐다. 영화의 실제 시대적 배경은 1991년이다. 같은 시기이지만 영화 속 상상과 그 당시 한국 사회의 분위기는 사뭇 다르다. 한국 밥상에는 북한 농수산물이 올라왔다.

물론 사람의 만남과 물건 소비는 다른 문제다. 그렇더라도 북한산 제품이 남북 사람들의 만남 없이 저절로 한국 사회에 들어와 판매되지 않았을 것이다. 1991년과 2004년, 당시 성년이 되어 한국에서 북한 맥주와 소주를 마셨던 이들은 이제 50대 초반과 30대 후반이 됐다. 그들의 20대, 그때 그 시절에만 했던 경험이 아니다. 그 이후에도 한 번씩 북한 술을 마시던 한국 사회다.

그들은 그때 그 시절을 어떻게 기억하면서 현재의 남북 관계를 바라보고 있을까? 2020년대의 한국 사회는 그때만큼 남북 관계의 돌파

• 《연합뉴스》 1992년 3월 11일자, "북한 식품 우리 식탁에 다양하게 등장"

구를 찾으려는 노력이 있는지 의문이다. 이유가 무엇일까? 코로나19 때문일까? 새로운 시작과 미래만을 추구하다가 과거의 경험에서 배우는 기회를 놓치는 실수를 하고 있다는 생각이 자꾸만 든다.

생수는 유통기한이 있고 소주는 없다고 한다. 이럴 줄 알았으면 2020년 봄에 그 소주를 더 얻을 걸 그랬다. 코로나19 이전인 2019년만 해도 중국에 가면 북한 술을 흔하게 볼 수 있었다. 귀하다고 생각할 필요가 없었기에 주는 대로 욕심내지 않고 받았다. 나의 짧은 판단이 아쉽다.

개인적으로 흥미롭고 궁금한 장면이 하나 있다. 2020년 북한에서 들어온 술은 단 한 종류인 소주다. 통계는 그렇다고 하는데 2020년과 그 이후에도 민통선 주변의 관광지에 가면 다양한 종류의 북한 술들을 판매하고 있다. 이는 술에는 유통기한이 없다는 사실을 보여주는 것일까? 아니면 작은 교역의 통계에 잡히지 않은 것일까?

한편 2021년 전후, 한국 사회는 남북 관계에 관련해 무엇에 관심이 있었을까? 1968년 한 해에 일어났던 실미도와 일명 김신조 사건을 다룬 프로그램들을 여기저기서 방송하던 시기였다. 이런 내용을 TV에서 볼 때마다 나는 혼잣말을 하곤 했다. 일상에서 펼쳐졌던 남북 교류와 만남을 다루고 기억하게 할 수 있는 방송 소재는 30년 넘게 쌓여왔다.

민간 차원의 이산가족 서신교환: 빈칸 없음이 주는 무게감

민간 차원의 이산가족 상봉에도 정부 기록이 있음을 2018년에 나는 처음 알았다. 통일부가 제작한 『2018 통일백서』에 〈이산가족 상봉 현황〉 통계표가 있다. "당국 차원의 현황은 1985년부터 통계가 잡히고 있으나 빈칸들이 있다. 상봉이 없었던 해가 더 많다. 민간 차원의 생사 확인과 서신교환 그리고 상봉은 1990년부터 한 해도 거르지 않고 통계로 집계되었다."[*]

이와 관련해 나는 "만여 건 넘는 서신교환이 휴전선 넘나들기의 길을 통해서 이루어진 것일까? 당국 차원의 방북 상봉(4,024건)과 비교했을 때 민간 차원의 상봉(1,757건)은 절반 규모이다. 이들 가운데 휴전선을 넘나드는 개인적인 상봉이 있었을까? 아닐 것이다."[**]라고 세 번째 책에 서술했다.

민간 차원의 이산가족 연결이 가능한 이유와 배경에 대해서는 "1992년 한·중 수교 전후부터 현재(2019년)까지 다양한 방식의 남북 만남이 두만강과 압록강을 사이에 두고 이뤄졌다. 그 가운데는 이산가족 상봉"[***]도 있음을 설명했다.

"독일이 걸었던 그 길을 한국 사회도 걷고 있었다. 서신 왕래가 남

[*] 강주원, 2019, 『압록강은 휴전선 너머 흐른다』, 눌민, 149쪽.
[**] 강주원, 2019, 『압록강은 휴전선 너머 흐른다』, 눌민, 150쪽.
[***] 강주원, 2019, 『압록강은 휴전선 너머 흐른다』, 눌민, 151쪽.

의 이야기가 아니고 한국 사회의 이야기"*라고 서술했다. "남북의 이산가족은 정부 차원의 만남 노력 혹은 남북 관계 변화만을 기다리고 있지 않았다."**고 언급했다. 네번째 책을 준비하면서 약 3년의 통계가 추가된 『2021 통일백서』 부분을 찾아봤다.

(1998년부터) 민간 차원에서 이산가족 교류를 하는 경우 경비를 지원할 수 있는 근거를 마련하였다. [...] (현재) 생사 확인 시 300만 원, 상봉 시 600만 원, 서신교환 등 교류 지속 시 80만 원 범위에서 경비를 지원하도록 지원 금액 기준을 상향하였다. 2019년에는 총 19건의 민간 교류가 성사되었으나, 2020년에는 코로나19 확산으로 북·중 접경 지역의 통제가 강화되어 민간 차원 이산가족 교류가 추진되기 어려운 상황이 지속되었다.***

이와 함께 다른 표를 함께 살펴봤다. 누계인 2,918건과 약 34억 원이 넘는 지원 금액이 눈에 들어왔다. 어림잡아 건당 약 100만 원이다. 남북의 이산가족은 당면 과제이고 돈으로 다룰 일은 아니지만 이만한 가성비도 없다는 생각이 들었다. 한편 2020년에는 건수와 지원금이 "0"이다. 고개를 끄덕였다.

---

* 강주원, 2019, 『압록강은 휴전선 너머 흐른다』, 눌민, 152쪽.
** 강주원, 2019, 『압록강은 휴전선 너머 흐른다』, 눌민, 152쪽.
*** 통일부, 2021, 『2021 통일백서』, 통일부, 115쪽.

〈민간 차원의 이산가족 교류경비 지원 현황〉

(단위: 건/백만 원)

구분	1998	1999	2000	2001	2002	2003	2004	2005	2006	2007	2008	2009
건수	96	231	314	279	287	466	303	289	201	151	103	54
지원금	67	163	279	349	440	692	364	252	235	172	114	76
구분	2010	2011	2012	2013	2014	2015	2016	2017	2018	2019	2020	누계
건수	23	12	16	28	12	10	10	14	12	7	0	2,918
지원금	22	12	16	51	23	16	18	34	21	15	0	3,431

이산가족의 고령화와 함께 민간 차원의 교류도 코로나19를 피해갈 수 없었다고 생각하다가 혹시나 하는 마음이 들었다. 백서 부록에 수록된 〈이산가족 상봉 현황〉 표*를 찾았다. 통계는 1985년부터 현황을 보여주고 있다. 참고로 이 책에서는 2010년부터 2020년까지만 인용했다. 여기에서 "계"는 1985년부터의 합산이다.

표를 들여다보니 2020년 민간 차원의 생사 확인과 상봉은 "0"이다. 하지만 서신교환은 통일부의 지원 건수와 금액인 "0"과는 다르게 숫자가 있었다. "4"건이 집계돼 있었다. 즉 정부의 경비 지원은 없었으나 남북 이산가족은 서신을 주고받았다. 2021년의 통계가 궁금했다.

이 또한 통일부 홈페이지에서 확인할 수 있었다. 2021년, 서신교환 건수는 "3"건이다. 그러니까 2020년과 2021년에도 4건과 3건의 이산가족 서신교환이 있었다. 아래 표에서 "기타"는 성묘 방북이다.

---

* 통일부, 2021, 『2021 통일백서』, 통일부, 277쪽.

〈이산가족 상봉 현황〉

(단위: 건)

구분＼연도		2010	2011	2012	2013	2014	2015	2016	2017	2018	2019	2020	계
민간차원	생사확인	16	3	6	9	6	4	6	10	7	2	-	3,895
	서신교환	15	21	16	22	11	26	43	46	36	16	4	11,638
	기타	-	-	-	-	-	-	-	1	1	-	-	2
	상봉	7	4	3	3	5	1	3	1	1	1	-	1,757
당국차원	생사확인	302	-	-	316	-	317	-	-	292	-	-	8,262
	서신교환	-	-	-	-	-	-	-	-	-	-	-	679
	방남상봉	-	-	-	-	-	-	-	-	-	-	-	331
	방북상봉	191	-	-	-	170	186	-	-	170	-	-	4,024
	화상상봉	-	-	-	-	-	-	-	-	-	-	-	557

『2021 통일백서』에 수록된 남북 관계 주요 통계들은 2008년(금강산과 개성 관광객 현황)과 2016년(개성공단 현황)에 숫자가 멈추거나 세부 항목에서 어떤 연도는 빈칸인 경우가 많다. 그리고 2020년 칸에는 통계가 없음을 표시한 "-"가 유달리 많다.

이를 고려할 때 코로나19 상황에도 빈칸이 없는 항목에 의미 부여를 하게 된다. 이는 민간 차원의 서신교환이다. 코로나19라는 변수가 아니었으면 1건이라도 통계가 늘어나지 않았을까 하는 안타까움이 있다. 더구나 이산가족의 고령화를 고려하면 위의 4건과 3건이라는 숫자가 다르게 다가왔다.

눈길이 계속 가는 이유는 또 있다. 당국 차원의 이산가족 만남은 금강산에서 일회성으로 끝나는 경우가 많았다. 매번 "다시 생이별" 또는 "또 한 번의 이별"이라는 기사 제목은 반복되었다. 반면 어떤 이산가족은 민간 차원에서 본인들이 알아서 간접적인 만남을 이어갔다.

> 편지가 왔어. 우리 어머니 사진, 우리 누나 사진, [...] 환갑잔치를 한 것까지 다 왔더라고. 그래서 인제 그거를 왔다 갔다 한 거예요. 물건을 계속 보내고.[*]

이와 같은 사례에서 보듯이 그들은 북으로부터 온 스무 통의 편지와 봉투에 담긴 사진을 보관하고 있고 북으로 물건을 보냈다. 민간 차원의 연결과 연락은 일회성으로 끝나지 않는 경우가 있다. 한편 2021년 12월, 5년마다 실시하는 제3차 남북 이산가족 실태조사의 결과가 보도됐다.

> 생사를 확인했다고 답한 응답자 18퍼센트 가운데 절반 이상인 50.8퍼센트도 민간 교류 주선단체나 개인에 의뢰해 북한 가족의 생사를 알게 됐습니다. 당국 차원의 교류 대상자로 참여하면서 알게 된 경우는 24.4퍼센트에 그쳤습니다. [...] "(통일부 관계자는) 이산가족 문제만큼은 인도주의와 인권 차원에서 접근하고 있지만, 남북 관계 상황과 연계될 수밖에 없고 남북 합의가 돼야 하는 부분이라 안타깝다. 할 수 있는 분야에

---

[*] 윤택림, 2016, 『구술로 쓰는 역사삶』, 아르케, 354쪽.

서 가능한 방안을 찾아 나가겠다."라고 밝혔습니다.**

위의 내용과 함께 수록된 그림과 통계를 꼼꼼히 살폈다. 생산 확인 방법은 "외국 거주 가족 및 친척이나 지인을 통해 탐문"이 15.0퍼센트, "상봉 및 교류를 경험한 다른 이산가족을 통해 탐문"이 0.4퍼센트, "다른 용건으로 북측 방문 시 탐문"이 0.1퍼센트로 나온다. 이를 합하면 민간 차원의 생사 확인은 50.8퍼센트가 아니고 66.3퍼센트가 아닐까?

통일부 관계자는 이산가족의 문제를 "남북 관계 상황과 연계될 수밖에 없고 남북 합의가 돼야 하는 부분"으로 말한다. 그들의 만남을 당국 차원으로만 인식하는 시각은 반쪽을 외면하는 것이다. 이를 다시 읽어봐도 실태조사의 결과와 이산가족 만남의 방식과는 결이 다른 말이다. 66.3퍼센트의 당사자들은 남북 관계 혹은 남북 합의와는 상관없이 그들이 스스로 해결하는 방식을 모색했다.

통일부 통계에는 당국 차원의 만남만 있는 것이 아니다. 민간 차원의 항목 중에서 서신교환은 1990년부터 2021년 현재까지 빈칸이 없다. 다시 강조하지만 한 해도 거르지 않고 쌓여왔다.

앞에서 말했듯이 서신교환이 일회성으로 그치지 않은 사례도 있다. 요즘 유행하는 말로 지속 가능한 남북의 만남은 미래가 아니고 역사와 현재에 있음을 보여주고 있다. 그렇다면 남북 관계 또는 남북 합의와는 별도로 이산가족의 당면 과제를 풀 방안은 있는 것이 아닐까?

* 《KBS》 2021년 12월 9일자, "생사 확인이 가장 시급"

민간인은 답을 알고 있다. 교류경비를 지원하는 당국인 정부만 눈앞에 있는 그 길을 모르고 있다. 내가 생각하는 답 가운데 하나는 앞에서 살펴본 민간 차원의 생사 확인 방법 유형들에 있다.

이산가족의 만남에는 휴전선을 넘는 단 하나의 방법만 존재하는 것이 아니다. 한반도 밖을 통해서 성사된 민간 차원의 서신교환 1만 1,641건과 상봉 1,757건 그리고 그들이 주고받은 사진과 물건에는 어떤 사연들이 담겨 있을까?

이산가족들 가운데는 남북 관계 또는 코로나19와 상관없이 만나고 연락하면서 지냈다. 이를 모으고 정리하면 이만한 평화 교육 교재가 있을까? 나의 연구 역량 부족과 게으름이 부끄럽다.

어떤 누군가의 몸무게 변화를 주요 뉴스에서 수시로 언급하는 한국 사회다. 이산가족 서신교환의 빈칸 없음이 주는 세월의 무게감에 관심을 가지는 한국 사회를 그려본다. 한반도의 지속 가능한 평화와 미래는 민간 교류의 끊임없음과 무게감에서 나온다.

코로나19 상황:
단둥 지인들이 전해온 소식들

북한 달력, 이메일 그리고 마스크와 방호복

중국 단둥은 다양한 차원에서 남북을 연결하는 도시다. 북한과 한국 달력이 공존하는 공간이다. 그 달력들은 "북한 주재원과 무역 대표의 왕래가 빈번한 북한화교와 조선족의 대북사업 사무실 한 벽면을 차지하고"* 있다.

이를 알기에 연말 연초에 단둥에 갈 때면 내 양손은 한껏 무거워진다. 한 다리 건너 부탁받은 화장품, 의류 등을 비롯해 한국 달력을 모아서 가지고 가곤 한다. 다소 품이 드는 일이나 단둥사람들에게 선물용으로 요긴하게 쓰였다.

답례품도 많았다. 그들은 나에게 북한 달력을 종류별로 선물했지만

---

* 강주원, 2019, 『압록강은 휴전선 너머 흐른다』, 눌민, 281쪽.

중국 단둥 지인이 내 몫으로 보관하고 있다고 말하면서 보내준 북한 달력 사진이다. 코로나19 상황에도 단둥에는 북한 달력이 선물로 돌려졌다. 이것이 의미하는 바는 무엇일까?(2022년)

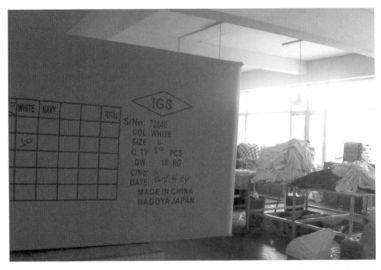

2016년 중국 단둥에서 북한 해외노동자가 만든 중국산 제품이다. 이런 물건들은 세계 여러 나라로 판매되고 있다. 2020년 코로나19 초기에 단둥 공장들은 움직였고 북한 해외노동자들은 2022년에도 그곳에서 일하고 있다(2016년, 『압록강은 휴전선 너머 흐른다』에서 재수록).

3부 | 남북 교류와 만남의 공간, 중국 단둥

10년 넘게 한국에 가져오지 못해 보관을 부탁한다. 대신에 사진 찍는 일은 잊지 않았다. 코로나19로 인해 나는 2020년 초부터 2022년 현재까지 단둥에 가지 못했다.

그사이 북한 달력을 실물로 보지 못했다. 2021년 달력은 한국에서 지인들의 휴대전화에 저장된 파일로 보곤 했다. 그들도 중국에 가기 힘든 상황은 마찬가지였으나 단둥에서 북한화교 또는 조선족이 이메일로 보내줬다고 했다.

그로부터 1년이 지난 무렵, 단둥 지인으로부터 연락이 왔다. 중·조의 육로 국경이 봉쇄된 상황에서도 북한 달력을 몇 부 받았다고 했다. 택배로 보내줄까를 물었다. 이번에는 파일이 아니었다. 항공편으로 보내면 하루 이틀이면 도착한다고 했다.

코로나19가 끝나자마자 단둥에 가서 사진으로 남기겠다고 나는 지인에게 말하며 보관을 부탁했다. 그는 맛보기로 여러 달력을 모아 찍은 사진을 휴대전화 메시지로 보내왔다. 며칠 뒤부터 단둥과 연을 맺고 있는 이들이 달력을 받았다고 자랑하는 이야기를 연이어 들었다.

대면 만남이 어려운 이 시기에도 삼국(북한, 중국, 한국)이 연결되는 이 사례가 의미하는 바는 무엇일까? 이를 이해하기 위해서 약 2년 동안 단둥 지인들이 전해준 소식과 사진을 모아놓은 파일을 열 었다.

단둥은 코로나19 이후 지금까지 어떻게 살아왔을까? 한국에서 중국 가기가 힘들어졌고, 중·조 육로 국경도 이를 피해갈 수 없었다. 곰곰이 뒤돌아보았다. 2019년 말까지 "(남북의) 다양한 형태의 공존과 공

생이 끊어지지 않고 일상적으로 펼쳐지는 공간"*임을 나는 기록한 바
있다.

> 북한사람과 한국사람이 소소한 일상을 함께 나누고 이해하고 배우는 과
> 정이 그곳에서 사라진 적은 없다. 그들은 함께 식사하고 술잔도 함께 기
> 울이며 지냈다. 이런 삶이 최소한 개성공단과의 차이다. 나는 그 모습을
> 20년 가까이 지켜보고 10년 가까이 글로 기록하고 있다.**

이런 단둥에는 어떤 변화가 있었을까? 2020년 초부터 들었던 말과 자
료들을 정리해봤다. 당분간 중국에 가는 일은 연기해야 한다는 말들
이 여기저기서 들렸다. 중국의 코로나19 상황을 뉴스로 들으면서 나
는 단둥의 삶을 그려보고 있었다.

어쩌면 1992년 한·중 수교 전후부터 네 집단(북한사람, 북한화교, 조
선족, 한국사람)의 삶이자 남북을 연결하는 단둥의 경제 활동 역시 멈춤
을 피할 수 없다고 생각하고 있었다. 한편 한국에는 마스크 품귀 현상
이 벌어졌다. 이를 해결하는 방안으로 개성공단을 활용하자는 의견이
있었다. 청와대 국민청원 게시판에 글도 올라왔다.

> 개성공단 업체 한 곳은 월 100만 장의 위생 마스크를 생산할 수 있고,

---

* 강주원, 2019, 『압록강은 휴전선 너머 흐른다』, 눌민, 282쪽.
** 강주원, 2019, 『압록강은 휴전선 너머 흐른다』, 눌민, 282쪽.

50여 개사는 면 마스크 제조, 64개 사는 위생 방호복 제조가 가능하다고 주장했다. 또 이는 국내 수요뿐 아니라 세계적 수요까지 감당할 수 있는 수준이라고 했다.•

이런 의견에 대해서 통일부는 "3만 5,000여 명의 북측 근로자가 결합됐을 때, 면 마스크를 하루에 약 1,000만 장 생산할 수 있다는 주장인데 계산상 가능할지 모르나 실제 생산 가능할지는 별개 문제"••라는 의견을 내놓았다. 한국 언론에서는 대북 제재를 해결하는 난관이 먼저라는 사설과 보도가 주를 이루었다.

대부분 "(마스크 생산은) 당장 실시하는 것은 어렵다."•••라는 내용이 결론이었다. 그렇게 개성공단에서 마스크와 방호복을 생산하자는 의견은 돌아오지 않는 메아리로 끝나는 분위기였다. 그 무렵 단둥에서 20년째 대북사업을 이어오고 있는 지인을 서울에서 만났다.

그는 코로나19 전에 한국에 들어왔다가 다시 단둥에 못 돌아가고 있는 처지였다. 커피를 마시는 중에도 국제전화를 계속 받았다. 옆에서 들으니 단둥에서 마스크와 방호복을 생산하는 수주 건이었다. 궁금해진 나는 물었고 그는 단둥 공장의 상황을 설명해줬다.

코로나19 상황이 벌어지자 중국 공장들이 문을 닫는 상황이 벌어졌죠.

• 《연합뉴스》 2020년 3월 11일자, "개성공단 마스크 생산"
•• 《헤럴드경제》 2020년 3월 12일자, "통일부, 산하단체와 개성공단 마스크"
••• 《연합뉴스》 2020년 3월 11일자, "정부 개성공단 마스크 생산"

같은 중국이지만 단둥 공장들은 가동을 멈추지 않았어요. 이유가 뭐냐면 북한 해외노동자들이 일하는 공장 대부분이 기숙사형으로 운영이 되잖아요. 2층에 숙소가 있고 3층에 일터가 있는 구조인 것은 알고 있죠? 그래서 격리가 가능한 작업 환경 구조이니까요. 코로나19 상황에서 공장이 돌아가고 있는 것이죠. 그런 공장에서 한국에서 소비되는 마스크와 방호복을 만들 수 있는지 한국의 거래처 사장들이 알아봐달라고 해서 이렇게 전화를 주고받고 있네요. 참 방금 통화한 조선족 C 사장을 알고 지내죠? 지금 단둥 공장들을 한국사람이 서로 잡으려고 해서 대박이 났어요. 이미 나는 한발 늦은 것 같네요.

휴전선을 넘나드는 남북의 경제 교류 계획이 좌절되는 분위기였던 한국 사회와 달랐다. 마스크 건을 계기로 다른 장면이 연출되는 현장을 나는 옆에서 듣고 있었다. 공장의 위치는 북한과 중국으로 달랐으나 노동력은 같았고 시기가 겹쳤다. 그의 이야기에 동의한다는 답변을 계속했다.

지인들로부터 단둥 공장이 돌아가고 있다는 이야기를 이미 2020년 2월 초중반부터 듣고 있었다. 사업은 꼭 직접 만나야만 성사되는 것은 아니다. 제품 생산은 기존 거래처면 국제전화만으로 가능하다.

그는 단둥 조선족과 통화했다. 북한 해외노동자를 고용한 사장이었다. 그들은 15년 넘게 거래하고 있는 사이임을 나는 알고 있었다. 그 세월 동안 중국과 한국으로 대변되는 그들의 합작품이자 북한 해외노동자들이 만든 제품들은 미국, 유럽 그리고 한국 등으로 유통되고 있

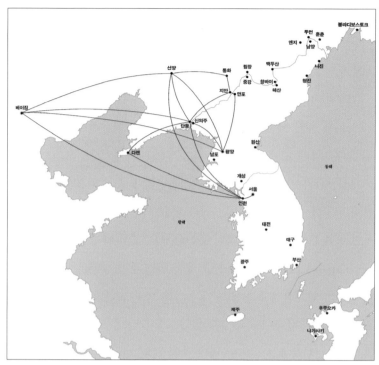

세번째 책에 실린 지도다. 제목은 "남북 교류와 만남의 또 다른 길"이다. 내용에는 "사람들만 걷지 않았다. 남북의 물류가 흐르는 길이다."와 "30여 년의 역사를 품고 있고 여전히 현재진행형"이라는 표현이 있다(2019년, 『압록강은 휴전선 너머 흐른다』에서 재수록).

었다.

다시 만난 그는 계약하지 않았다고 했다. 경쟁에서 밀려 생산 시기를 놓쳤다고 한다. 하지만 다른 한국 업체들이 위생 또는 면 마스크를 수입하고 있다는 말을 덧붙였다. 몇 달 뒤, 단둥의 북한화교 지인에게도 국제전화로 그때의 상황을 물어봤다.

그는 중국 단둥과 한국의 직거래가 있다고 했다. 중국 다른 지역에서 계약했으나 생산은 단둥에서 하는 경우도 많았다고 설명했다. 단둥의 북한 해외노동자들이 만든 마스크와 방호복이 한국뿐만 아니라 다른 나라로 수출되고 있었다고 말했다.

그의 이야기를 듣다 보니 익숙한 방식이었다. 이처럼 북한 노동력이 녹아든 중국 제품의 물류 흐름은 코로나19 이전에도 존재했던 경로 그대로였다.

개성공단과 비교해봤다. 북한 개성공단의 노동자 약 5만 명 가운데 봉제 공장에 근무했던 약 3만 5,000명을 활용해서 만들고자 했던 마스크는 대북 제재의 벽을 뚫지 못했다. 시도조차 하지 못했다. 희망과 달리 2016년 2월부터 문을 닫고 있는 개성공단 상황은 달라지지 않았다. 남방한계선과 휴전선을 넘어 남북 경제 교류의 길을 다시 여는 과정은 쉽지 않음을 확인할 뿐이었다.

그 당시, 단둥에는 약 5만 명의 북한 해외노동자들이 존재했다. 그들이 일하는 공장 대부분은 세계 곳곳에서 밀려든 마스크와 방호복 주문을 맞추기 위해 돌아가고 있었다. 지인은 그 규모가 단둥에서 일하는 북한 해외노동자 약 5만 명 가운데 3만 명은 넘었을 것으로 파악하고 있었다.

이는 개성공단에서 마스크를 만들 수 있다고 생각한 인력과 거의 같다. 코로나19 초기에도 주로 기숙사 생활을 하던 단둥의 북한 해외노동자들은 멈추지 않고 일했다. 그들이 만든 제품 가운데 마스크와 방호복도 한국 사회에 판매됐다.

이런 상황이 북한 노동자가 일했던 북한 개성공단과 북한 해외노동자가 일하는 중국 단둥 공장의 차이였다. 2020년 봄날의 현실이었다. 그해 여름과 가을 그리고 그 이후, 두 공간의 모습은 달랐다. 코로나19가 끝날 듯 끝나지 않는 상황에서 다른 장면, 한곳의 가동 중단과 다른 한곳의 가동은 계속됐다. 남북 교류와 만남에서 이를 어떻게 이해하고 받아들여야 할까?

남북 교류와 만남의 통계 범위는 어디까지

코로나19는 중국과 한국의 인적 교류를 감소시켰다. 그런 상황 속에서도 물적 교류는 중단되지 않았다. 중국 항공사들의 국제선 운영은 "10분의 1 수준"*으로 줄어들었으나 2021년 두 나라의 물류는 "교역 사상 최대"**였다고 한다.

개성공단으로 가는 길의 막힘과 달리 한반도 밖에서 이뤄지던 남북 교류와 만남의 길은 끊이지 않았다. 북한 달력이 중국 단둥에서 이메일과 택배로 한국에 있는 사람에게 전달되는 방식은 그대로 유지됐다.

마찬가지로 북한 해외노동자가 만든 다양한 제품들이 중국과 한국 사업가 등의 손길과 자본을 거쳐서 한국에 도착했다. 2021년에도 단둥에 출장을 다녀온 지인은 술자리에서 "북한 해외노동자가 만든 부

---

* 《연합뉴스》 2022년 2월 14일자, "내년부터 국제선 운영 회복 시작"
** 《창업일보》 2022년 2월 5일자, "지난해 중국과 교역 사상 최대"

품이 한국 도로 위를 달리는 차에 들어가지 않았을까?"라고 한마디로 설명했다.

한국 소비자는 이를 구입하고 달렸다. 이는 북한사람과 한국사람을 연결하는 단둥 도시와 단둥사람의 경제 역할 중에 하나다. 코로나19 라는 변수에서도 달라지지 않았다.

이 도시가 살아가는 방식과 이들의 삶이 변하지 않은 사례는 또 있다. 그들(북한화교, 조선족, 중국사람)은 한국 서울뿐만 아니라 북한 평양의 거래처하고도 메일과 국제전화로 연락하고 지내고 있었다. 안부만 묻지는 않는다고 했다. 더 듣다 보니 수출입이 배와 비행기 그리고 차로만 이뤄지지 않음을 새삼 깨달았다.

어쩌면 이 또한 나의 고정관념과 선입견이 작동한 듯하다. 팩스와 전화로 사업 상담을 주로 했던 남북 교류의 초창기인 1990년대가 아니라 사업의 결과물이 인터넷을 활용해서 오고 가는 2020년대에 살고 있다. 단둥 지인들의 소식을 듣기 전에는 거기까지 미처 생각하지 못했다.

코로나19 때문에 차량과 열차로 중·조 국경을 넘나드는 다리는 한동안 봉쇄됐다. 인터넷은 그런 상황과 상관이 없었다. 그때 통일부는 국내 대북사업 업체 일부가 북한과 "지속적"으로 협의 중이라고 설명했다.

(통일부 당국자는 2021년 1월부터 5월 26일까지) "코로나19 때문에 대면 접촉하는 경우는 거의 없다."라고 하면서도 "(한국 교역업체와 북측 간) 전

화·팩스 등을 통한 접촉은 끊이지 않고 계속 이뤄지고 있다."라고 말했다. 하지만 "코로나19 상황으로 북·중 접경 지역(중·조 국경 지역) 봉쇄 조치가 장기화하는 탓에 실제 사업 성과로 이어지지는 않고 있다."고 이 당국자는 덧붙였다.*

위의 인용문을 해석해봤다. 남북 당국 사이의 직통전화는 2020년 6월에 중단됐다가 2021년 7월에 재개됐다. 이를 기억하면 2021년 봄에 이어졌다는 "접촉"의 경우는 한반도 안에서 휴전선을 넘나드는 전화와 팩스가 아닐 것이다. 한국에서 제3국을 경유하는 방식으로 북한에 팩스를 보내거나 중국에 거주하는 북한사람에게 국제전화를 했다고 봐야 한다.

다음으로 "실제 사업 성과로 이어지지는 않고 있다."라는 내용은 어떻게 읽어야 할까? 반은 맞고 반은 틀렸다. 코로나19와 중·조 국경 가운데 육로의 봉쇄조치 여파를 생각할 때 한반도 내에만 살고 있는 북한사람과 한국사람 사이의 사업 성과는 이어지지 않았다. 그런데 코로나19 이후인 2020년, 2021년 그리고 2022년에도 중국에는 한국사람뿐만 아니라 북한사람도 거주하고 있다.

이런 현실을 고려하면 경제 교류를 목적으로 하는 남북 만남의 사례는 다양하다. 예를 들어 남북의 사람들이 중국 단둥이라는 같은 도시 공간에서 살면서 전화 통화도 하고 직접 만난다. 한국에 있는 사업

---

* 《연합뉴스》 2021년 5월 26일자, "민간업체들, 남북 물물교환"

2018년 평창 올림픽 전, 중국 공항에는 한국 대한항공과 북한 고려항공이 함께 서 있고 승객들이 타고 내리고 있다. 한반도를 제외한 지역에서 남북 교류와 만남은 일상일까? 특별한 경우일까?(2017년)

중국 단둥 공장에서 북한 해외노동자가 생산한 신발을 한국 축구장에서도 볼 수 있었다. 이는 남북 교류 와 만남의 통계 범위에 들어갈까? 벗어난 사례일까?(2015년)

업체 또는 재외동포와 재외국민이 운영하는 외국 회사가 북한 해외노동자를 고용한 중국 회사와 거래한다.

이때 중국 회사의 실제 주인은 조선족 재외동포인 경우도 있다. 한국 업체가 거래하는 중국 회사의 노동자 고향 혹은 출신까지 파악하지는 않는다. 위의 인용문대로 한국의 기존 대북사업 업체는 중국에 거주하는 북한 무역 대표와 연락을 이어오고 있다. 이는 통일부의 통계에서 확인할 수 있다.

올해 들어 이날 기준(2021년 5월 26일) 집계된 방북·방남 등 남북 인적 교류는 한 건도 없었으며, 북한주민접촉신고 수리 건은 총 75건으로 집계됐다. 당국자는 "이 중 40건 이상이 기존 사업자들이 경제·개발 협력 관련 (대북) 네트워크를 유지하기 위해 (북측과) 지속 협의하기 위한 경우들"이라고 설명했다.•

이 내용을 그대로 받아들이면 한국사람이 북한에 가지 않았는데 북한 사람과 접촉(만남)했다고 한다. 남북의 인적 교류는 한반도 내에서만 이루어진다는 고정관념과 편견 혹은 남북 관계를 잘 모르는 사람이 얼핏 읽었을 때 이 내용은 모순이다. 하지만 "북한주민접촉신고"의 범위는 넓다.

한국 정부는 "의사 교환의 방법, 수단, 장소 등을 불문하고 남북한

• 《연합뉴스》 2021년 5월 26일자, "민간업체들, 남북 물물교환"

주민 상호 간에 어떤 형태로든 특정 내용의 의사가 교환됐다면 접촉"[*]이라고 간주한다. 한반도 밖의 접촉(만남)이 신고 범위에 들어간다. 위의 통계와 같이 한반도 내의 인적 교류는 한 건도 없는데 북한 사람을 만나겠다고 혹은 만났다고 통일부에 신고한 건수가 존재하는 이유다.

위의 숫자는 코로나19 상황에도 한반도를 제외한 지역인 제3국을 매개로 남북의 사람들이 경제와 관련해 대면과 비대면으로 만나고 있음을 보여주고 있다. 여기에 또 다른 잣대가 있다. 남북 사이의 교류 협력 가운데 교역 및 경협(경제 활동)의 범위는 한반도 내에서 이루어지는 결과물로 정부는 한정하고 있다.

이러한 기준으로 보면 휴전선과 중·조 육로 국경이 막혀 있는 상황에서 남북 민간 사이의 경제 활동이 "(2021년 상반기) 사업 성과로 이어지지는 않고 있다."라는 통일부의 설명은 틀리지 않았다. 그런데 통일부 통계에서 나오듯이 남북의 인적 교류는 한반도 밖에서도 이루어지고 있다. 남북 교류 협력과 관련된 통계에 없는 북한 해외노동자들이 만든 제품이 있음을 짐작할 수 있다.

물론 여기에는 중국 업체들이 포함되는 경우가 많다. 수출입 서류만 보고 그 속에 남북의 자본과 노동력이 녹아 있는 성과를 따로 통계 수치화하기는 힘들다. 반대로 한반도 밖에서의 남북 만남이 모두 통일부 통계로 집계되지 않는다. 이것이 현실이다.

• 〈통일부 홈페이지〉, https://www.unikorea.go.kr/unikorea/business/cooperation/status/

현장의 상황을 생각해볼 일이다. 기차와 식당에서의 우연한 만남 그리고 한 아파트에서 이웃으로 지내는 일상적인 교류까지 신고하기에는 애매하다. 그런 만남이 한반도 밖에서 통계에 잡히지 않은 채 이뤄진다.

그렇다면 2020년 이후 남북 교류와 만남을 어떻게 이해하는 것이 필요할까? 여전히 북한주민접촉신고와 남북 교류 협력의 범위를 그대로 유지하는 방식이 맞을까? 이제는 이 둘의 범위와 통계를 내는 방식의 변화를 생각해본다.

앞에서 인용한 2021년 상반기의 통계와 같이, 남북 교류와 만남 가운데 경제 활동인 사업 성과는 없었고 대면 접촉은 거의 없었다고 통계를 남기는 것에 의문을 품을 수밖에 없다. 이를 남북 교류의 역사로 기록하고 한국 사회가 기억함이 맞는지 나는 한 번 더 고민하게 된다.

최소한 중국 단둥을 매개로 하는 대면과 비대면의 남북 만남과 경제 성과물은 현재진행형으로 이어지고 있고 만들어지고 있기 때문이다. 1992년 한·중 수교 전후부터 남북은 한반도 밖의 공간에서 드라마 《사랑의 불시착》 속 두 주인공(리정혁과 윤세리)의 만남 같은 교류가 가능한 시대에 살아왔다.

더구나 그런 만남의 사례는 늘어왔지 줄지는 않았다. 여기에서 코로나19 변수는 예외다. 2010년 전후부터 매년 늘었고 코로나19 상황에도 증가했다는 단둥의 북한 해외노동자 규모가 마음에 걸린다.

여담이지만 나는 단둥의 지인과 통화를 할 때 몇 년 전부터 전화보다는 소셜미디어 메신저의 영상 통화를 즐겨 사용한다. 팩스를 사용해본 적은 없고, 이메일을 통해 단둥의 풍경 사진을 받는다. 세월만 흐른 것이 아니고 남북 교류와 만남의 방식도 다양해졌다.

한반도 안에서만 남북의 만남과 경제 활동이 이루어지는 시대가 아니다. 한반도 밖의 남북 만남을 신고의 틀 안에 두고자 하는 것도, 한반도 안에서 이루어진 경제 활동만을 남북 교류의 통계로 파악하는 것도 시대 변화를 반영하지 못하는 동떨어진 제도다.

2022년 현실은 이런데 북한주민접촉신고의 범위를 한반도 안으로 한정하고 경제 활동과 관련된 남북 교류 협력의 통계를 한반도 밖으로 확대하자고 한국 사회에 제안하면 어떤 반응이 나올까? 평화로 가는 길에 풀어야 할 숙제라고 할까? 아니면 국가보안법과 대북 제재를 먼저 언급하면서 반대할까?

어떤 한국 사회에 살고 있고 앞으로 살아갈까? 코로나19 시대에 남북 교류와 만남의 물꼬를 다시 트는 시도는 어디서부터 시작하는 것이 현명한 판단일까? 사전 준비는 이럴 때 필요한 것이다.

북한의 국경 봉쇄는 몇 년일까?

2019년 10월, 광개토대왕비가 있는 중국 지안에 머물고 있었다. 단둥에서 출발해서 막 도착한 버스 몇 대와 마주쳤다. 단둥과 신의주를 넘나드는 북한 해외노동자들이 때로는 이곳에 버스를 타고 와서 출입국 절차를 밟는 이유를 알고 있었다.

중국 단둥 공장에서 일하는 북한 해외노동자들은 중국 지안에서 만날 수도 있었다. 귀국 선물을 살 수 있는 번개시장에서 그녀들이 물건을 고르고 있다(2019년).

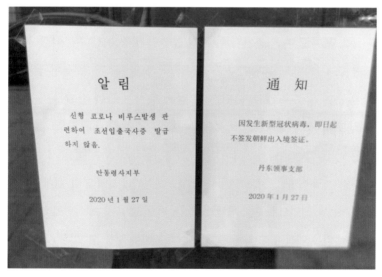

중국 단둥 지인이 보내준 사진이다. 2020년 1월 코로나19 상황에서 북한 영사부의 비자 발급이 중단되었음을 알리는 내용이 담겨 있다. 그 이후 북한의 국경 봉쇄는 약 2년이 맞을까? 아니다(2020년).

압록강 너머 북한 만포에 갔다 오고자 모인 그들이 번개시장에서 물건을 구매하고 있었다. 지인과 함께 규모를 가늠해봤다. 약 5만 명이 단둥에서 일하고 있었다.

그로부터 3개월이 지난 한겨울이었다. 단둥 지인으로부터 사진 한 장을 포함한 메신저 알림이 왔다. 그대로 옮기면 "신형 코로나 비루스 발생 관련하여 조선 입출국 사증 발급하지 않음. 단둥령사지부 2020년 1월 27일"이었다. 여기에서 "조선"은 북한을 말한다. 그는 방금 북한 영사지부의 출입문 앞에서 촬영했다는 부연 설명도 문자로 보내왔다.

며칠 동안 단둥사람들이 북한으로 가는 이들을 배웅하고 다녀오거나 출장 나오는 이들을 맞이하기 위해서 바쁘다는 소식을 계속 들었다. 이렇게 북한과 중국을 오고 가던 열차가 중단됐다. 2020년 1월 말, 북한은 육로 국경을 닫았다.

그들도 나도 이번 조치가 한두 번 불었던 바람과 같다고 여겼다. 이 또한 스쳐 지나갈 분위기라고 생각했다. 오판이었다. 겨울이 끝나가고 있는데 멈추지 않았다. 이른 봄 한국 사회는 북한 경제에 대한 전망을 또 내놓기 시작했다.

(대북 소식통은) "코로나19에 대한 세계보건기구(WHO)의 팬데믹(세계적 대유행) 선언으로 북한 경제 위기설까지 돌고 있다. 이 국면이 (2020년) 4월까지 이어질 경우 북한 경제가 중대 고비를 맞을 수 있다."라고 지적했다.*

"북한 경제가 중대 고비를 맞을 수 있다."라는 표현이 낯설지 않았다. 2006년 본격적인 대북 제재가 등장했던 시기에 들었고 그 이후 2019년까지 약 13년 동안 꾸준히 혹은 잊을 만하면 들어왔던 예측이다. 그래서 세번째 책에 이렇게 남겼다.

2010년 전후 북한 붕괴론은 한국 사회의 중심 시각이었다. 장마당 때문에 북한이 금방이라도 또는 몇 년 안에 붕괴한다는 예측 아닌 주장이 쏟아져 나왔다. 글과 말로 되풀이되던 그 잘못된 예측을 반성하고 책임지는 전문가와 연구자는 지금 거의 볼 수 없다. 2018년 전후에도 그런 주장은 되풀이되었다.**

한국 사회는 북한에 코로나19가 발생했는지 아닌지를 모르며 지냈다. 그와는 별개로, 2020년 1월부터 코로나19 상황과 결부된 북한 경제 위기설은 한국 뉴스에 등장하는 단골 메뉴로 자리를 잡았다. 북한의 국경 봉쇄는 이를 뒷받침하는 근거가 됐다.

2022년 1월 16일, 북·중 화물열차를 재개했다는 소식을 전하면서 한국 언론은 "'국경 봉쇄 2년', 코로나19에 갇힌 북한"***, "2년 만에 열린 북·중 국경"**** 등의 제목을 붙였다. 전문가와 언론은 2년 동안

• 《이데일리》 2020년 3월 12일자, "'국경 봉쇄' 40여 일째 北"
•• 강주원, 2019, 『압록강은 휴전선 너머 흐른다』, 눌민, 226쪽.
••• 《KBS》 2022년 1월 29일자, "'국경 봉쇄 2년' 코로나19에 갇힌 북한"
•••• 《MBC》 2022년 1월 17일자, "2년 만에 열린 북·중 국경"

북한이 모든 국경을 차단했다고 말하면서 북한 경제의 어려움을 예측하고 보도했다.

뉴스를 듣다 보니 이런 진단의 전제조건인 2년의 국경 봉쇄와 관련해 재확인이 필요해 보였다. 이는 그동안 단둥 지인들에게 들어왔던 이야기와 차이가 있었기 때문이다. 2022년 1월, 나는 단둥역 근처에서 무역회사를 운영하는 조선족에게 국제전화를 했다.

북한에 출장 갔던 사람과 북한 고향에 갔던 북한화교가 몇 번 다리를 건너 돌아왔어요. 그래도 약 2년 동안 북한과 중국 사이에 인적 교류는 사실상 막혔죠. 물류는 조금 달라요. 2020년 1월 화물열차도 한동안 중단되었다가 재개되었죠. 그렇게 8월까지는 운행하다가 멈추었죠. 육로 국경 가운데 물류는 1년 6개월가량 막혔다고 보면 맞죠. 북한과 중국 사이의 해상 국경은 달라요. 지난 2년 동안 한 번씩 봉쇄된 적은 있어요. 해상을 통한 물류는 꾸준히 이어져 왔어요. 엄밀하게 북한이 2년 동안 국경을 봉쇄했다고 일반화하기에는 무리가 아닐까요?

그는 근거로 북한과 중국 사이에 지난 2년의 교역액*이 발표됐고 이를 한국 언론에서 읽었다고 했다. 찾아보니 그의 말대로였다. 두 나라는 코로나19 상황에서도 물류가 오고 갔다. 북한이 국경을 봉쇄했다는 한국 사회의 시각과는 달랐다. 아니 틀렸다.

---

* 《중앙일보》 2022년 1월 9일자, "2021년 북중 무역 41% 감소"

물류와 관련된 육로 국경의 봉쇄는 1년 6개월 정도였고 해상 국경은 열려 있곤 했다. 이번에도 궁금해졌다. 앞으로 한국 사회는 북한의 국경 봉쇄 기간을 어떻게 기록할까? 2020년 1월부터 2021년 1월까지의 북한 경제를 어떻게 분석할까?

부정확하고 잘못된 정보를 바탕으로 북한 경제의 붕괴론을 주장하는 경우가 많았다. 반면에 코로나19로 인한 국경 봉쇄의 양상과 기간은 북한 경제의 객관적인 척도가 된다. 그렇기 때문에 더욱 엄밀하게 말해야 하지 않을까? 최소한 "'국경 봉쇄 2년', 코로나19에 갇힌 북한"●은 아니다. "2년 만에 열린 북·중 국경"●●도 아니다.

정확하지 않은 2년이라는 숫자를 전제로 하고, 국경에는 육로와 해상이 있음을 구분하지 않고 북한 경제를 분석하는 글들이 2022년 봄에도 이어지고 있다. 북한을 바라보는 한국 사회의 묻지도 따지지도 않는 시각은 언제까지 계속될까?

2020년대 초반, 단둥엔 개성공단이 다섯 개가 넘는다

중국을 방문할 때 요구되는 격리 기간의 부담감으로 한국에서 단둥을 찾던 관광객 혹은 대북 사업가의 줄어든 양상 등을 단둥 지인들에

● 《KBS》 2022년 1월 29일자, "'국경 봉쇄 2년' 코로나19에 갇힌 북한"
●● 《MBC》 2022년 1월 17일자, "2년 만에 열린 북중 국경"

게 묻지 않아도 짐작이 갔다. 중·조 육로 국경을 넘나드는 사람들로 북적였던 세관과 기차역의 한산함 등은 한국 뉴스를 통해서도 파악했다.

압록강과 관련해 궁금한 내용을 전화 혹은 이메일로 그들에게 묻고 했다. 기본적으로 코로나19 상황에 변화하거나 혹은 변화하지 않은 모습은 무엇인지를 확인했다.

그들은 하나같이 북한 신의주가 변화하고 있다고 했다. 2019년 11월에 압록강 너머로 봤던 동그란 모양의 아파트는 마무리 공사가 한창이었다. 1년 뒤 단둥 지인이 보내준 사진에는 입주가 완료되었고 불빛이 켜진 아파트 야경으로 바뀌어 있었다.

또 1년이 흐른 뒤, 신의주 전경을 촬영한 사진과 동영상에는 이전에 보지 못했던 아파트들이 들어서 있었다. 공사가 한창인 건물들이 2년이 넘는 세월을 채우고 있었다. 대북 제재 16년째이자 코로나19 2년 차의 결과물이었다.

북한의 육로 국경 봉쇄, 정확히 말하면 인적 교류의 차단은 압록강에 여파가 있었다. 단둥에 갈 때면 1년에 한 번씩 북한에 살면서 친척 방문으로 중국에 오던 북한화교를 만나곤 했다. 그는 2020년 1월 초에 단둥에 왔고 한 달 뒤에 귀국할 계획이었다. 국경이 봉쇄되는 바람에 북한으로 돌아가지 못하는 처지라는 소식을 계속 전해 들었다.

그와 상황이 비슷한 이들이 있었다. 체류 조건을 맞추기 위해서 정기적으로 북한에 갔다 오던 단둥의 북한 해외노동자들이다. 중국에 계속 거주하면서 일했다. 나는 그들이 어떤 제품들을 생산하는지 듣

2019년, 공사 중이던 북한 신의주의 건물이다. 코로나19 상황인 2020년에 완성되었고 사람들이 거주하기 시작했다. 2020년 이후 중국 단둥 지인들이 보내준 사진들에는 살림집의 변화가 보인다(2019년, 2020년).

고 있었다.

2022년 이른 봄, 국제전화로 중·조 국경 지역의 돌아가는 분위기를 묻는 내게 단둥 지인이 "현재 북한 해외노동자가 얼마나 될까?"라고 물었다. "단둥에 약 5만 명이 아닌가요?"라고 대답했다. 그의 목소리가 계속 들렸다.

그 규모는 2020년 코로나19 이전 규모죠. 중국 여기저기에서 일하던 북한 해외노동자들이 단둥으로 모여들었고 그들이 지금 단둥 공장에서 일하고 있어요. 그들 규모를 최대 약 5만 명으로 보는 근거가 있어요. 기존의 규모에 이를 합하면 약 10만 명이죠. 그것이 지난 2년 동안의 단둥 변화죠.

전화를 끊자마자 한동안 현장에 가지 못했기 때문에 무뎌진 감각을 탓하면서 북한 해외노동자와 관련된 나의 기록을 찾아봤다. "중국 전체가 아닌 단둥에만 체류하는 연인원 약 2만 명의 북한 해외노동자들이 있다. 이는 약 15년 동안(1960년대와 1970년대) 독일에 간 광부와 간호사의 규모와 비슷하다."[*]와 "인건비 액수는 단둥이 또 하나의 개성공단임을 보여주고 있다."[**]라고 2015년의 상황을 정리했었다.

2019년 전후에는 그들의 늘어난 규모와 인건비를 고려하면 약 세

• 강주원, 2016, 『압록강은 다르게 흐른다』, 눌민, 62쪽.
•• 강주원, 2016, 『압록강은 다르게 흐른다』, 눌민, 127쪽.

개의 개성공단이 한반도 밖인 중국 단둥에 있다고 강연에서 말하곤 했다. 2022년 현재, 최대 약 10만 명의 북한 해외노동자들이 단둥에서 일하고 있다는 지인의 이야기는 규모의 변화를 말하고 있었다. 기록을 추가해야 하는 것이 맞았다.

다른 나라를 제외하고도 단둥엔 다섯 개가 넘는 개성공단이 들어서 있는 것과 같다. 이는 코로나19 터널을 통과하자마자 단둥에 갔을 때 내가 목격할 압록강을 품고 변화해온 모습이다.

그때 독일에 갔던 광부와 간호사가 주인공인《국제시장》영화가 떠올랐다. 파독 광부와 간호사의 총 인원은 약 15년 동안 2만 명에 이른다. 단둥의 북한 해외노동자는 약 12년 동안 연인원 5만 명 남짓이다. 그들을 주인공으로 한다면 북한판《국제시장》영화는 몇 편이나 만들 수 있을지 바로 계산이 되지 않는다.

조선족 지인의 국제전화가 왔다. 북한 식당에서 냉면을 먹는다고 했다. 그는 내가 무엇을 궁금해하는지 알았다. 묻지도 않았는데 요즘 인기가 많은 식당인데 손님이 많다고 했다. 옆자리에 북한사람이 있고 저쪽에 내가 아는 북한화교와 한국사람이 온반을 주문했다고 들려준다. 이는 그대로였다. 내가 참여관찰하던 단둥의 흔한 식사 풍경이다.

북한사람, 북한화교, 조선족, 한국사람이 연결된 일상의 삶이 그 공간에 있었다. 30년 넘는 세월 속에서 그들은 애증 관계를 쌓아왔다. 변화하지 않은 장면 가운데 하나였다. 전화를 끊고 생각에 잠겼다. 변화하지 않은 장면은 압록강에만 있지 않았다. 내가 살아가고 있는 한국 사회의 민낯이었다.

　2006년 전후부터 붕괴론과 위기설을 통해서 북한을 바라보는 편견과 고정관념이 한국 사회를 떠나지 않는다. 2020년부터는 봉쇄라는 말이 추가됐다. 이 단어들과 차이가 나지 않는 제재, 단절, 폐쇄도 있다. 이를 들여다보면 그 변화하지 않음의 세월은 약 16년이 아니고 더 거슬러 올라갈 것이다.

　앞으로 그 변화하지 않음이 언제까지 이어질지 모르겠다. 여기에는 애증에서 사랑이 비집고 들어갈 틈은 없어 보였다. 참, 북한을 바라볼 때 무관심이라는 단어가 덧붙여지는 2020년대 초반의 한국 사회다.

2013년, 2016년, 2019년 그리고 2022년 기록을 마치면서

다시 찾아갈 압록강과 두만강, 그리고 또 달려갈 임진강과 한강

이 책의 목차에서 가장 먼저 구상한 소제목은 "코로나19 이후, 다시 찾아간 중국 단둥"이었다. 2022년 봄, 초고를 출판사에 넘길 때 3부 마지막 페이지는 비워놓고 편집해달라고 부탁했다. 이런저런 고민 끝에 택한 선택이었다.

먼저 코로나19가 끝나길 기대했던 마음이 컸기 때문이다. 그리고 어떻게든 단둥에 가서 2년 넘게 직접 보지 못한 압록강의 공백을 만회하고자 했다. 야속하게 여름이 다가왔다. 최종본이 완성될 때까지 그 기회는 오지 않았다.

3부가 아닌 맺음말에 "다시 찾아갈 압록강과 두만강"으로 소제목을 정했다. 하여튼 나는 코로나19가 지나가자마자 중국에 갈 수 있도록 모든 준비를 해놨다. 두 강 언저리에서 어디를 가고 무엇을 봐야 할지

머릿속으로 수십 번 쓰고 지우기를 반복했다.

중국 선양(심양) 공항에 내리는 순간부터 연구가 시작된다. 짐을 찾을 때 평양발 비행기가 도착했는지, 옆에 북한사람도 있는지를 확인할 것이다. 약 세 시간을 달려 단둥에 도착한 나는 바쁘게 움직일 것이 뻔하다.

압록강이 보이는 숙소에 짐을 풀기 전에 북한 신의주 전경을 찍은 후, 곧이어 객실에서 나와 국경을 넘나드는 트럭과 버스가 세워진 단둥 세관의 주차장을 확인할 것이다. 해가 지기 전, 압록강 다리 위에 올라가야 한다.

그동안 지인들이 보내준 사진 속에서 봤던 북한 아파트의 변화를 직접 볼 것이다. 평양발 국제 기차가 오후 5시에 단둥으로 넘어오는 장면을 기다리는 것도 빼놓을 수 없다. 저녁은 조선족 친구에게 미리 부탁했다.

최근 단둥의 북한사람, 북한화교, 한국사람 사이에서 인기가 있는 식당에 가볼 것이다. 약속 시간이 남았으면 필수적으로 북한 식당들이 그대로 영업하는지, 새로 생겼다고 들었던 북한 식당은 어디에 있는지 살펴보면서 압록강을 따라 걸어야 한다. 비대면으로 만나다가 대면으로 만나게 된 단둥 지인들과 식사를 하면서 앞으로 일정을 상의하는 장면이 그려진다.

단둥과 압록강의 변화를 보기 위해서 어디부터 먼저 가야 하는지를 계속 물어보고 내일 나와 함께 돌아다니자는 약속을 받아낼 것이다. 그때 그들이 마시는 술은 아마도 북한산 맥주와 소주일 것이다.

휴전선엔 철조망이 없다

밤늦게 숙소에 돌아와서는 신의주 야경을 사진으로 남기고 압록강 너머 남쪽에서 뜨는 일출을 보고자 알람 맞추는 것을 잊지 말아야 한다.

다음 날, 이른 아침을 먹으면서는 주변에서 북한사람도 식사하는지 혹은 북한 여성 종업원이 커피를 가져다주는지 궁금해할 것 같다. 그런 다음, 거리의 간판에 담긴 북한과 중국 수출입 품목은 어떻게 바뀌었는지, 북한으로 보내는 택배 가격은 얼마나 올랐는지를 알아보기 위해서 조선족 거리로 향하는 일정이 기다린다.

이때 단둥 세관으로 향하는 조선족과 북한화교 지인들을 마주칠지 기대하면서 걸을 것이다. 오전 9시 전, 단둥 기차역 광장에 도착하게 되면 평양행 국제 기차를 타기 위해서 모여든 사람들과 그들이 들고 있는 가방과 물건을 사진에 담는다.

거기에서 오래간만에 인사를 나눈 조선족을 따라 사무실로 갈 수도 있다. 그곳에서는 그동안 북한과 한국 사이에서 무역을 어떻게 해왔는지, 지금 진행하는 사업은 어떤 나라를 대상으로 하는지, 사무실을 방문하는 이들이 누구인지를 전화가 아닌 눈으로 확인할 계획이다. 오후부터는 동행을 약속한 지인들과 함께 북한 해외노동자들이 일하는 공장이 모여 있는 지역으로 향할 것 같다.

이렇게 며칠을 보낸 뒤, 일정에 여유가 있으면 압록강을 따라 중상류 지역으로 가면서 중·조 국경 지역의 삶을 들여다볼 것이다. 백두산 남파의 국경 표시가 그대로 하나의 줄인지 아니면 다른 무엇으로 바뀌었는지를 확인한 뒤에는 두만강으로 넘어가는 내 모습을 상상

2004년 중국 단둥에서 찍은 첫 북한 식당이다. 그때는 몰랐다. 대북 제재와 관련되어 폐업했다는 뉴스를 한국에서 듣고 단둥에 갔을 때 이 식당은 그 자리에 늘 있었다. 약 15년 동안 이를 기록으로 남겼다. 코로나19 이후, 가장 먼저 찾아갈 현장 중 하나다(2004년, 『압록강은 휴전선 너머 흐른다』에서 재수록).

압록강의 해는 신의주 너머 남쪽에서 떠오른다. 이를 보면서 다짐하곤 했다. 네 집단의 삶이 얽히고설킨 단둥을 꾸준히 기록하고자 노력했다. 북한과 중국과 한국, 세 나라가 서로 연결되는 모습을 지켜본 지 약 20년이 넘었다. 이를 네 권의 책에 담았다(2013년, 『나는 오늘도 국경을 만들고 허문다』에서 재수록).

휴전선엔 철조망이 없다

한다.

하지만 코로나19의 터널은 끝날 듯 끝나지 않고 있다. 나는 초심을 유지하고자 첫번째 책에 담았던 압록강 일출 사진과 "단둥과 신의주 사람들은 압록강, 물안개 그리고 해와 달만을 공유하지 않는다. 그들은 국경을 넘나들면서 삶을 공유하고 있다."*라는 대목을 읽곤 한다.

생각해보니 연구 지역의 인연과 복은 있다. 연구자로서 행복이라고 말해야 할지는 모르겠다. 나에게는 압록강과 두만강 이외에 임진강과 한강도 있다. 2022년 4월, 파주 민북 지역에서 농사짓는 지인을 돕기 위해서 통일대교를 넘었다.

짬을 내서 처음으로 휴전선의 시종점에서 3킬로미터 정도 떨어진 장단반도의 논밭에도 갔다. 주변에는 고개를 들면 어김없이 민통선과 남방한계선 철조망이 있었다. 농막을 지키는 개들이 꼬리를 흔들었다. 임진각과 평화 곤돌라 언저리인 임진강에서 고기 잡는 한국 어부와 배를 봤다.

집으로 돌아올 때 안 가본 길로 접어들었다. 자유로 밑을 통과해서 오금리 벌판으로 갈 수 있는 일명 토끼굴을 보고 싶었기 때문이다. 민간인통제선 글자가 선명한 그 앞에서 차를 세우고 막연하게나마 연구 밑그림을 그려봤다. 이번 책에 담지 못했던 사례들이 하나둘 나를 기다리고 있다고 생각하니 설렜다.

저 너머 벌판에서 농사짓는 선배가 생각났다. 이번에도 일손을 돕

---

* 강주원, 2013, 『나는 오늘도 국경을 만들고 허문다』, 글항아리, 25쪽.

임진각 너머로 늘 바라만 봤던 장단반도에서 나는 출입 영농하는 지인의 농사를 도왔다. 통일대교를 다시 넘어서 집으로 가던 중, 분단의 상징으로 언급되는 임진강에서 고기 잡는 어부의 모습을 촬영했다 (2022년).

자유로를 달리면서 궁금했던 공간이다. 저 통로를 통과하면 오금리 벌판이다. 왼쪽으로 약 3킬로미터를 가로지르면 임진강 너머 휴전선의 시작과 끝에 가까이 갈 수 있다. 그 앞에서 다섯번째 책에 담을 사례를 상상했다(2022년).

휴전선엔 철조망이 없다

겠다고 전화해야겠다. 그의 논과 강 건너 휴전선 사이의 거리는 약 1킬로미터라고 했던 말이 기억난다. 다음으로 1994년 자유로가 완공되기 전, 오금리 벌판의 삶을 듣기 위해서 마을을 다녀야겠다.

어르신들께 이 지역의 민통선 변화와 철조망 역사를 듣고 1970년대 이전에는 임진강에서 무엇을 할 수 있었는지를 여쭤봐야겠다. 이러한 궁금증은 한강 하류와 오두산 통일전망대 언저리 마을에서도 반복할 질문이다.

임진강 하류와 더불어 중립 수역인 한강하구에 꾸준히 갈 것을 다짐한다. 임진강을 따라 연천 민통선과 DMZ의 안과 밖도 기록하고 싶다. 여력이 될지 모르겠다. 이왕에 계획하는 것이니 철원과 강원도까지 시선을 돌려본다. 강원도 바닷가에 갈 때마다 철조망이 보이면 카메라에 담다 보니 사진 파일이 쌓여간다. 경기도 화성 해안에 철조망이 철거되고 있다는데 아직 가보지 못했다.

새로운 연구만 하지는 않을 것이다. 20년 넘게 기록을 남기고 있는 압록강(두만강)과 마찬가지로, 파주 휴전선과 임진강 주변을 계속 다니면서 2년 동안 지속한 연구를 이어나갈 것이다.

자유로 한강과 임진강의 철조망 모양이 어떻게 변해가는지, 민통선이 어떤 방식으로 점차 북상하는지, DMZ 안과 밖에서 일상의 삶은 어떻게 깊어가는지, 임진강 하류는 중립 수역으로 인식되는지를 놓치지 않고 남기고자 노력할 것이다.

휴전선이 잘못 표시된 지도가 수정되는지, 남북철도 연결과 더불어 도라산역은 사람들로 점점 붐비는지, 네 개의 선(민통선, 남방한계선,

휴전선, 북방한계선)을 넘어서 개성공단에 언제 다시 가는지, 내가 꿈꾼 남북의 모내기와 같은 작은 평화가 DMZ에서 실현되는지를 지켜볼 것이다. 이들은 어느 날 갑자기 펼쳐질 수도 있고 긴 호흡으로 기다려야 할지도 모른다.

이렇게 나는 2000년 여름부터 만나기 시작한 두만강과 압록강을 다시 찾아갈 것이다. 놓쳤던 국경 지역의 삶과 앞으로의 변화를 채워나갈 계획이다. 2020년 봄부터 한 걸음씩 다가가고 있는 임진강과 한강으로 또 달려갈 것이다. 나 자신이 몰랐던 DMZ의 안과 밖에서 펼쳐졌던 일과 현재의 삶을 알아갈 예정이다. 네 강과 그 주변의 삶을 꾸준히 기록하고 가슴과 머리에 새길 것이다.

다섯번째 책과 또 하나의 약속을 다짐하면서

"중·조 국경 지역이 남북 교류와 만남의 또 하나의 축임을 한국 사회에 3년 주기"*로 말했다. 이는 인류학의 "낯선 곳에서 나를 만나다"를 실천하는 길이었다. 즉 "낯선 곳인 중·조 국경에서 내가 속한 한국 사회를 만나다."**는 매번 책을 쓸 때의 출발점이자 뼈대였다.

2022년, 이번 책을 준비하면서도 이는 변하지 않았다. 다만 추가됐

---

* 강주원, 2019, 『압록강은 휴전선 너머 흐른다』, 눌민, 282쪽.
** 강주원, 2016, 『압록강은 다르게 흐른다』, 눌민, 7쪽.

휴전선엔 철조망이 없다

다. 익숙하다고 생각했는데 낯선 곳이었던 한반도에서 내가 살아가고 있는 한국 사회를 만나는 과정을 고민했다.

같은 듯 다른 듯한 네 개의 강을 나는 마주하고 있었다. 중·조 국경 지역인 두만강과 압록강 그리고 DMZ를 따라 흐르지 않는 임진강과 한강이 다가왔다. 한반도 안(임진강, 한강, DMZ의 안과 밖)과 밖(두만강, 압록강, 중·조 국경 지역)을 함께 바라봤다.

어떤 강들은 국경으로 구분되지 않으면서 사람을 품고 있었다. 어떤 강의 하류들은 국경이 없으나 사람의 접근을 막은 채 흐르고 있었다. 그런데 가만히 들여다보면 그 강들이 다르기만 한 것도 아니었다.

그 강변들에 기대어 살지 않거나 가본 적이 없는 사람만이 단절의 국경이 그 강들에 있다고 말할 뿐이었다. 하지만 두만강과 압록강과 마찬가지로 임진강과 한강은 남북 교류와 만남, 그 평화와 공존의 길을 현실에서 만들 수 있는 또 하나의 무대였다.

이를 이번 책의 큰 뼈대로 삼았다. 또한 코로나19 상황에서 간접적인 연구 방법으로 이어온 중·조 국경 지역인 단둥에 대한 기록을 살로 붙였다. 마지막으로 세번째 책에는 가족에게 고마움을 표현한 문구가 있다. 여기에 덧붙이는 방식으로 글을 마무리하겠다.

이 책도 "여행 가방을 챙기는 데 전문가"가 됐던 아내 덕분에 세상에 나왔다. 임진강의 물안개를 보고자 새벽길을 나서던 나를 멈춰 세우고 매번 능숙하게 내린 커피를 건네준 그녀에게 "부끄럽지 않고자" 노력하는 남편이 썼다. "상의 없이 책 속에서 일화의 주인공으로 등장"하던 초등학생이었다. 이제는 한국 사회의 무서운 존재인 중학생이 된 아들에게 "당당한 아빠가 되려는 인류학 전공자의 글이다."[*]

책을 낼 때마다 마음을 다잡는 의미로 3년 뒤를 기약했다. 하지만 코로나19 상황에서 일상이 멈출 수 있음을 경험했기에 이를 핑계 삼아 나에게 하는 약속을 바꿔야겠다.

이번에는 언제가 될지 모르지만 다섯번째 책을 꼭 내겠다고 다짐하는 것이 순리로 보인다. 연구 내용이 쌓이면 2년 만에 책을 쓸 수도 있으나 솔직히 3년 주기는 벅차다. 대신 하나의 약속을 보태본다.

늘 그래온 것처럼 연구자로서 또 다른 역할을 계속하겠다. 강연이든 사석이든 사람들에게 두 개의 질문을 던질 것이다. 하나는 "한국사람보다 북한사람이 많이 사는 도시가 있을까요?"다. 다른 하나는 "휴전선엔 철조망이 있을까요?"다. 이에 대한 대답으로 없음에서 있음, 있음에서 없음이라고 누구나 아니 한 명이라도 더 말하는 날을 기대하면서 나는 이와 관련된 사례를 열심히 말하고 다니겠다.

처음으로 초고를 읽은 아들이 책상에 다가왔다. "남북의 교류는 머릿속에만 일어나지 않고 눈앞에서 펼쳐지고 있는데 한국에서 왜 모르죠?"라고 반문한다. 설명을 기다리지도 않고 "저도 휴전선엔 철조망이 없다고 말하면 되죠?"라고 되묻고는 가버린다.

그 순간 연구자로서 살아온 삶과 책을 쓰기 위해서 보낸 세월, 나의 30대와 40대 시절이 스쳐 지나갔다. 조금은 보상받는 느낌이 들었고 잠시나마 행복했다.

---

* 강주원, 2019, 『압록강은 휴전선 너머 흐른다』, 눌민, 15쪽 참고.

휴전선엔 철조망이 없다

거창한 말보다 현장의 이야기에 더 마음이 간다. 인류학이라는 가방을 메고 길을 떠나는 이유다. 다음 책에 기록될 산과 강들의 높이와 깊이는 얼마이고 누구를 만나 그의 삶을 알아가게 될까? 그곳에서 배우게 될 세번째 질문과 사례가 나를 기다린다.

| 참고문헌 |

강성현 외, 2020, 「파주 DMZ 및 접경지역 국외자료 수집과 콘텐츠 활용 종합계획 보고서」, 파주시·성공회대 동아시아연구소 냉전 평화센터.

강주원, 2013, 『나는 오늘도 국경을 만들고 허문다』, 글항아리.

강주원, 2016, 『압록강은 다르게 흐른다』, 눌민.

강주원, 2019, 『압록강은 휴전선 너머 흐른다』, 눌민.

박명규, 2015, 「개성공단 실험과 한반도형 통일모델」, 『개성공단』, 진인진.

박영숙, 2010, 「8박 9일의 북한체류기」, 『다시 한반도의 길을 묻다』, 삼인.

안희자, 2019, 「DMZ와 접경지역 사람들이 꿈꾸는 미래」, 『2019 DMZ 세계유산 등재 기반조성사업』, 경기도·경기문화재단 경기문화재연구원.

유영호, 2008, 『민통선-DMZ 통일맞이 나들이』, 선인.

윤택림, 2016, 『구술로 쓰는 역사』, 아르케.

이기범, 2018, 『남과 북 아이들에겐 철조망이 없다』, 보리.

이정훈, 2019, 「현재까지 DMZ를 바라보는 시각의 변화 추이」, 『2019 DMZ 세계유산 등재 기반조성사업』, 경기도·경기문화재단 경기문화재연구원.

이정훈, 2019, 『한반도 신경제구상과 경기 북부 접경지역 발전 전략』, 경기연구원.

이종석, 2017, 『북한·중국 국경 역사와 현장』, 세종연구소.

전상인, 2017, 「DMZ 국가촌락 사업 연구」, 『국토계획』52⑷, 대한국토·도시계획학회.

정근식, 2018, 「냉전·분단 경관과 평화」, 『황해문화 가을호 100』, 새얼문화재단.

정근식·박종우, 2020, 『비무장지대 DMZ』, 고은문화재단.

조한범, 2019, 「DMZ의 평화 모델화 방안」, 『2019 통일연구원 학술회의』, 통일연구원.

통일부, 2020, 『2020 통일백서』, 통일부.

파주시 중앙도서관, 2019, 『파주 DMZ를 바라보는 여섯 개의 시선』, 파주시 중앙도서관 디지털 기록관 개관기념 특별전.

홍세화, 1999, 『쎄느강은 좌우를 나누고 한강은 남북을 가른다』, 한겨레출판.

《경기일보》 2021년 2월 4일자, "개성공단 재개가 남북 평화다"

《경원일보》 2019년 5월 27일자, "민통선 지역 출입 통제 개방"

《경인일보》 2017년 6월 22일자, "한강하구 중립 수역 남북 교류"

《경인일보》 2021년 12월 15일자, "끊어낸 철책선, 평화의 십자가로 부활"

《경향신문》 2019년 3월 10일자, "한강하구 고양 구간 철책 제거"

《경향신문》 2020년 2월 3일자, "'무단 출입' 문제 삼은 유엔사"

《경향신문》 2021년 8월 17일자, "트릴레마와 '모가디슈' 갯잎"

《국민일보》 2013년 6월 10일자, "DMZ 안보 관광 500만 명 눈앞"

《뉴스1》 2018년 9월 27일자, "평양정상회담 표어"

《뉴스1》 2021년 8월 7일자, "내 물건이 북한으로 갈 것 같아요"

《뉴스1》 2021년 11월 7일자, "놀이시설 없는 2위도 '750만 명' 찾아"

《뉴스1》 2021년 12월 23일자, "한반도 평화, 국민 기대 미치지 못했다"

《뉴시스》 2007년 4월 5일자, "JSA '자유의 마을' 대성동 초교"

《뉴시스》 2018년 4월 9일자, "남북 정상회담 회담 앞둔 파주 임진각"

《뉴시스》 2021년 10월 17일자, "DMZ 아트 프로젝트-다시, 평화 보고전"

《대한민국 정책브리핑》 2018년 4월 5일자, "'대성동 자유의 마을' 가보니"

《머니투데이》 2018년 4월 18일자, "공존의 한반도"

《머니S》 2021년 10월 15일자, "민북 지역 영농인 출입 체계 완화"

《문화일보》 2020년 6월 16일자, "개성 남북공동연락사무소 폭파"

《서울신문》 2021년 10월 30일자, "독도까지 담아낸 '평화의 십자가'"

《서울신문》 2022년 1월 9일자, "경기 DMZ 세계유산 등재 추진"

《세계일보》 2021년 11월 25일자, "시간이 멈춘 DMZ"

《시사 IN》 2018년 7월 9일자 "민통선 따라 평화와 통일을 향해"

《연합뉴스》 1992년 3월 11일자, "북한 식품 우리 식탁에 다양하게 등장"

《연합뉴스》 1993년 9월 17일자, "추석 선물용으로 북한(北韓) 술"

《연합뉴스》 2012년 4월 19일자, "한강하구 고양지역 軍 철책"

《연합뉴스》 2014년 3월 9일자, "〈민통선 60년〉 ② 남북대치"

《연합뉴스》 2020년 3월 11일자, "개성공단 마스크 생산"

《연합뉴스》 2021년 5월 26일자, "민간업체들, 남북 물물교환"

《연합뉴스》 2021년 11월 11일자, "'DMZ 평화의 길' 고양시 철책선"

《연합뉴스》 2021년 12월 2일자, "연천지역 26km^2 2024년 군사 규제 해제"

《연합뉴스》 2021년 12월 31일자, "통일부 달력 맹비난"

《연합뉴스》 2022년 2월 14일자, "내년부터 국제선 운영 회복 시작"

《열린뉴스통신》 2021년 10월 15일자, "북한과 한강하구 협력"

《오마이뉴스》 2021년 12월 17일자, "남북 공유 문화유산 인문학"

《오마이뉴스》 2021년 12월 24일자, "통일로 가는 가장 가까운 전철역"

《이데일리》 2019년 5월 10일자, "경기 북부 발전 가로막는 대전차 방호벽"

《이데일리》 2020년 3월 12일자, "'국경 봉쇄' 40여 일째 北"

《이데일리》 2021년 10월 29일자, "한반도 평화 환기"

《이데일리》 2021년 10월 30일자, "文, '철조망 평화가 되다' 전시회"

《인천일보》 2021년 3월 3일자, "금단의 땅 한강하구"

《인천일보》 2021년 4월 28일자, "한강하구 중립 수역 '평화 정착'"

《인천일보》 2021년 6월 24일자, "한강하구 중립 수역"

《인천일보》 2021년 11월 2일자, "한강하구 평화수역 도약 기다리며"

《인천일보》 2021년 11월 12일자, "분단 실타래 풀어갈 땅, 파주"

《전자신문》 2019년 9월 25일자, "비무장지대를 국제평화지대로"

《조선일보》 2005년 4월 25일자, "안방 파고드는 메이드 인 북한"

《주간경향》 2021년 7월 19일자, "광물자원 협력"

《중앙선데이》 2020년 2월 8일자, "김일성대 학생들 발랄"

《중앙일보》 2019년 11월 5일자, "세계 최대 독수리 월동지"

《중앙일보》 2019년 12월 10일자 "연천 민통선은 숨은 '고인돌 보고'"

《중앙일보》 2021년 8월 3일자, "모가디슈 총성 속"

《중앙일보》 2021년 10월 4일자, "북한에 의료·방역물품 주고"

《중앙일보》 2021년 12월 4일자, "파주 '맞춤형 교통복지 서비스'"

《중앙일보》 2022년 1월 9일자, "2021년 북중 무역 41% 감소"

《창업일보》 2022년 2월 5일자, "지난해 중국과 교역 사상 최대"

《쿠키뉴스》 2022년 2월 21일자, "짐 로저스, 국회 남북 평화 세미나 참석"

《파이낸셜 뉴스》 2020년 11월 1일자, "'여기 태그' 2일 첫 방송"

《파주바른신문》 2019년 5월 23일자, "'토끼굴' 출입 검문 끝내려나"

《파주바른신문》 2021년 12월 7일자, "임진강을 시민의 품으로 돌려달라!"

《프레시안》 2021년 1월 25일자, "전쟁의 슬픈 이야기 담긴 한강하구"

《프레시안》 2021년 11월 11일자, "'분단의 아픔' 실향민"

《통일부 UNITV》 2021년 10월 30일자, "DMZ 철조망, 평화가 되다"

《한겨레》 2018년 4월 26일자, "평화의 길 튼 주역들"

《한겨레》 2019년 12월 19일자, "'유엔사'가 유엔의 군대가 맞나요?"

《한겨레》 2021년 6월 2일자, "불법매립에 접경지 논이 사라진다"

《한겨레》 2021년 10월 6일자, "민통선 너머 덤프트럭"

《한겨레》 2021년 10월 27일자, "노태우 전 대통령 장지는 통일동산?"

《한겨레》 2021년 11월 1일자, "로마 성당에 'DMZ 철조망'"

《한겨레》 2021년 11월 11일자, "'임진각' 하이패스로 진입"

《한국강사신문》 2021년 12월 24일자, "다큐온, 철조망 십자가"

《헤럴드경제》 2020년 1월 22일자, "북한군 미화 vs 판타지"

《헤럴드경제》 2020년 3월 12일자, "통일부, 산하단체와 개성공단 마스크"

《헤럴드경제》 2021년 11월 14일자, "'DMZ 평화의길' 생태여행 7개 코스"

《CBS》 2012년 7월 30일자, "민통선 북방지역 출입 절차"

《KBS》 2021년 6월 5일자, "북녘땅 앞에 펼쳐진 전시회. '다시, 평화!'"

《KBS》 2021년 12월 9일자, "생사 확인이 가장 시급"

《KBS》 2022년 1월 29일자, "'국경 봉쇄 2년' 코로나19에 갇힌 북한"

《KTV 국민 방송》 2021년 10월 26일자, "로마에서 '철조망 평화가 되다'"

《MBC 뉴스》 2020년 1월 27일자, "해외여행 중 옆자리에 북한사람이?"

《MBC》 2022년 1월 17일자, "2년 만에 열린 북·중 국경"

《SBS NEWS》2021년 10월 26일자, "DMZ 철조망 녹여 만든 '평화의 십자가'"

《YTN》2020년 6월 17일자, "한강하구 중립수역서 '평화의 배' 띄우기 추진"

《YTN》2021년 6월 14일자, "최북단 해변 40년 만에 활짝"

《YTN》2021년 10월 17일자, "한강하구 뱃길 언제 뚫리나?"

〈디엠지기 홈페이지〉, https://www.dmz.go.kr/

〈참회와속죄의성당 홈페이지〉, http://sd.uca.or.kr/chamsok/

〈통일부 홈페이지〉, https://www.unikorea.go.kr

〈한국관광공사 홈페이지〉, https://www.durunubi.kr/dmz-course-view

〈한국민족문화대백과사전 홈페이지〉, https://100.daum.net/encyclopedia/

〈tvN 사랑의 불시착 홈페이지〉, http://program.tving.com/tvn/cloy/7/Contents/

강주원

서울대 인류학과 대학원에서 석·박사 학위(2012)를 받았다. 2000년 여름부터 한반도 밖이자 국경 지역인 중국 단둥을 포함해서 두만강과 압록강을 다니고 있다. 2020년 봄부터는 한반도 안인 임진강과 한강 그리고 DMZ의 안과 밖도 넘나들고 있다. 북한사람·북한화교·조선족·한국사람의 관계맺음을 꾸준히 기록하고 있다. 남북 교류와 만남, 분단의 풍경과 삶을 배우고 있다. 이러한 작업을 통해서 북한과 한국 사회를 낯설게 보고 만나고자 노력한다. 한반도 평화와 공존에 대한 고민을 업으로 삼는 인류학자의 길을 걸어가고 있다. 지은 책으로 『웰컴 투 코리아』(2006, 공저), 『나는 오늘도 국경을 만들고 허문다』(2013, 한국연구재단 우수도서 사후 지원 사업 선정), 『압록강은 다르게 흐른다』(2016), 『압록강은 휴전선 너머 흐른다』(2019) 등이 있다. 2012년에 재외동포재단 학위 논문상을 받았다. kjw422@hanmail.net

휴전선엔 철조망이 없다

1판 1쇄 찍음 2022년 8월 8일
1판 1쇄 펴냄 2022년 8월 15일

지은이   강주원
펴낸이   정성원·심민규
펴낸곳   도서출판 눌민

출판등록   2013. 2. 28 제2022-000035호
주소   서울시 강북구 인수봉로37길 12, A-301호(01095)
전화   (02)332-2486   팩스 (02)332-2487
이메일   nulminbooks@gmail.com
인스타그램·페이스북 nulminbooks

Printed in Seoul, Korea

ISBN 979-11-87750-61-1 03300